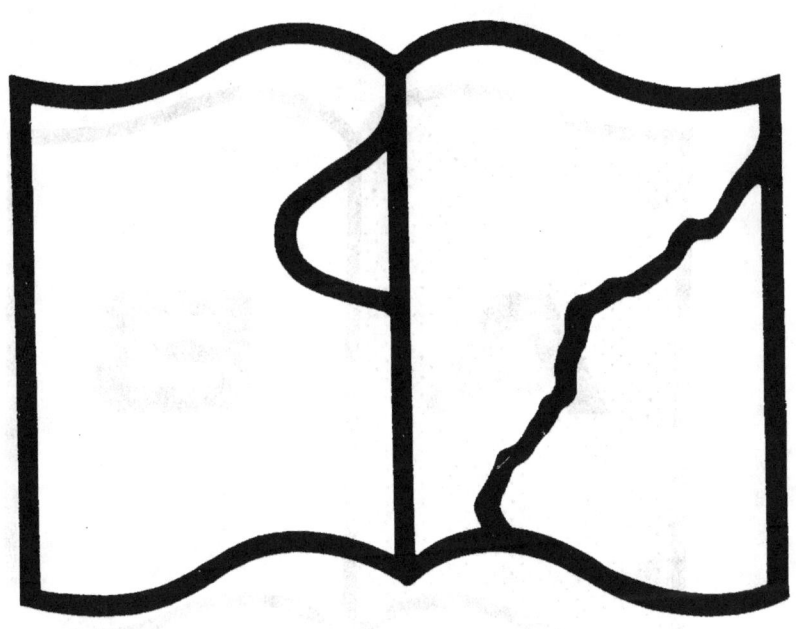

Texte détérioré — reliure défectueuse

NF Z 43-120-11

Contraste insuffisant

NF Z 43-120-14

Jean-Jacques OLIVIER

Les Comédiens

Français

Dans les Cours d'Allemagne au XVIIIe siècle

DEUXIÈME SÉRIE :
LA COUR ROYALE
DE PRUSSE

LES
Comédiens Français
DANS
LES COURS D'ALLEMAGNE AU XVIIIᵉ SIÈCLE

2ᵉ Série

LA COUR ROYALE DE PRUSSE

— 16..-1786 —

Du même Auteur :

Voltaire et les Comédiens interprètes de son Théâtre.
Étude sur l'art théâtral et les Comédiens au xviii° siècle, d'après les journaux, les correspondances, les mémoires, les gravures de l'époque et des documents inédits. Paris, Société française d'Imprimerie et de Librairie, 1900. Un vol. in-8°.

Les Comédiens français dans les cours d'Allemagne au XVIII° siècle. — *1re série :* La Cour électorale Palatine (16..-1778). Préface de M. Émile Faguet, de l'Académie française. Paris, Société française d'Imprimerie et de Librairie, 1901. Un vol. in-4° écu.

En préparation :

Les Comédiens français dans les cours d'Allemagne au XVIII° siècle. — *3° série :* La Cour de Rheinsberg (Prince Henry de Prusse) ; La Cour de Bayreuth ; La Cour d'Ansbach.

Paraîtront ensuite trois autres séries consacrées aux théâtres français de Hanovre, de Munich, de Stuttgart, de Dresde et de Vienne.

FRÉDÉRIC I

Jean-Jacques OLIVIER

LES

Comédiens Français

DANS

LES COURS D'ALLEMAGNE AU XVIIIᵉ SIÈCLE

2ᵉ Série

LA COUR ROYALE DE PRUSSE

— 16..-1786 —

Illustré de treize planches, bois, estampes et eaux-fortes, gravées par E. Pennequin d'après les Documents de l'Époque.

PARIS
SOCIÉTÉ FRANÇAISE D'IMPRIMERIE ET DE LIBRAIRIE
15, RUE DE CLUNY, 15

MCMII

Cet ouvrage a été tiré à 250 exemplaires numérotés.

Exemplaires sur japon impérial. . . . . n⁰ˢ 1 à 15.
Exemplaires sur grand vélin d'Arches. . . . . n⁰ˢ 16 à 100.
Exemplaires sur papier à la forme. . . . . . n⁰ˢ 101 à 250.

N°

TOUS DROITS RÉSERVÉS

A

M. le Dr. jur. Ernst FRIEDLAENDER
K. Geheimer Staats-Archivar
Geheimer Archivrath

Hommage de vive gratitude et de profond respect.

AVANT-PROPOS

AVANT-PROPOS

Deux mots avant de publier le présent volume :
Nous tenons à témoigner notre reconnaissance à ceux qui nous ont aidé au cours de nos recherches.

Nous assurons de notre très respectueuse gratitude Monsieur le Geh. Oberregierungsrath R. Koser, qui nous a autorisé à travailler aux Archives d'Etat, Monsieur le Geh. Archivrath Dr. Friedlaender, dont l'infinie complaisance a singulièrement facilité notre tâche, Monsieur l'Archivrath Dr. Berner, qui nous a fait ouvrir les Archives de la Maison royale et dont les conseils nous ont été d'un grand secours.

      Heidelberg, août 1902.

CHAPITRE I

LE THÉATRE FRANÇAIS A LA COUR DE PRUSSE

DES ORIGINES A L'AVÈNEMENT DE FRÉDÉRIC II
16..-1740 (1)

LE BALLET A LA COUR DU GRAND ÉLECTEUR. — FRÉDÉRIC I. — SOPHIE-CHARLOTTE. — REPRÉSENTATIONS A LÜTZENBURG. — LA TROUPE DU SIEUR DU ROCHER. — FRÉDÉRIC-GUILLAUME I. — LE THÉATRE SOUS SON RÈGNE. — FRÉDÉRIC II, PRINCE ROYAL. — LA COMÉDIE A RHEINSBERG.

La création d'un théâtre français régulier à la Cour de Prusse remonte au règne de Frédéric I. Mais déjà sous la domination des Electeurs de Brandebourg des artistes français s'étaient fait applaudir à Berlin.

Le Grand Electeur, après avoir rétabli dans ses Etats l'ordre, que la guerre y avait troublé, n'oublia rien de ce qui pouvait contribuer à rendre sa Cour magnifique. Des peintres et des architectes de talent, que la Révocation chassait de France (2), présidèrent à la construction et à l'embellissement des grands édifices de Berlin.

Les huguenots réfugiés dans le Brandebourg exercèrent une influence civilisatrice sur les mœurs encore rustres de la noblesse. Ils firent son éducation et la mirent bientôt en état de se « comparer aux nations les plus éclairées (3). » Nos modes et notre langue furent adoptées par tous ceux qui se piquaient de politesse et de bon goût (4).

Dans de telles conditions, il n'y a pas lieu de s'étonner que Frédéric-Guillaume ait gagé des danseurs et des comédiens français.

Des comptes et des états datés de 1684 nous apprennent les noms de quatre chorégraphes et de deux danseuses : les sieurs Des Hayes, Saint-Romain, de la Tour et Marye ; les demoiselles Marye et Des Coudrais. La dernière de ces étoiles nous est connue par les notes de sa perruquière et de ses tailleurs. Voici ces mémoires conservés aujourd'hui aux Archives d'Etat :

Memoire de ce que j'ay fait et fourny pour mademoiselle du Coudray pour le ballet.

pour auoir presté trois jours vne grande coiffure blonde avec des grande et petite boucle et des naie et l'avoir coiffée trois fois . . . . 12 rtl.

Des Coudrais. *Magdeleine Margas la femme de Gorju.*

Liuré à Mad^{lle} des Coudrais Les Marchandises qui En suiuent. Premierem^t

Octobre 1684

                                                                         rtl.   gr.

3e dit.   Pour des Menches de dentelles de montagne de prix fait. La somme de . .   4   18 ½

dit.	Pour des Menchettes de la dite dentelle.	4	21 ¼
dit.	Pour deux Tours de George de dentelle de Maligne aussy de prix fait.	5	
13º	50 ¼ gaze blanche à 8ˢ Laune	1	20
		16	11 ¾

Michau

Memoire De Ce que je aÿ fait pour Mademoisell de Coudrais.
Premièrement pour avoir fait un habit Chamáre avec
du dantel . . . . 2 rtl. 6 gr.
Plus fait une jupp de Sus avec du dantel . . . . . 22 gr.
Pour le Cannefa, trilli et Ballaine . . . . 22 gr.

Somma . . . 4 rtl. 2 gr.

Des Coudrais.   *M. Peter Dammendorff* (5).

Dans les ballets donnés à la Cour, les exécutants (professionnels ou seigneurs, qui, à l'exemple des courtisans de Versailles, ne dédaignaient pas de monter sur les planches) étaient généralement masqués. Un certain Döbeln, qui s'honorait du titre de Hofbildauer (*sculpteur de la Cour*) avait le privilège de modeler les masques employés par les danseurs (6).

Nous n'avons trouvé aucun acte constatant d'une façon positive la présence de comédiens français à Berlin à cette époque (7). Mais à coup sûr les troupes de campagne, qui se rendaient alors de France en Danemark et en Pologne, s'arrêtèrent à la Cour de Frédéric-Guillaume. Elles ne durent jamais s'y fixer ; c'est sans doute pendant les fêtes du Carnaval qu'elles donnèrent leurs représentations. Il faut attendre le règne de l'Electeur Frédéric III, qui devint en 1701 le Roi Frédéric I, pour trouver en Prusse un théâtre français régulier.

* *

L'influence française, que nous avons vue naître sous le Grosse Kurfürst, ne cessa de s'accroître sous son successeur. Elle n'était pas pour déplaire à ce prince, qui, avide de gloire et de splendeurs, s'appliquait à copier Louis XIV en toutes choses et protégeait ceux qui pouvaient l'aider à y réussir. Avant même d'être couronné à Königsberg, il avait adopté l'étiquette et les usages de la Galerie des glaces. Il aimait le faste et ne regrettait nullement d'ignorer les douceurs de la vie intime, que le Grand Roi lui-même se plaisait à goûter auprès de Madame de Maintenon. Frédéric I ne se départait jamais de sa majesté. Il se carrait dans des vêtements boutonnés d'or et de diamants et se coiffait de perruques commandées à Binet. « Ses voyages par terre étaient des processions de carrosses longues, lentes et splendides. Un bateau de Hollande ou une gondole le portait sur l'onde » (8). Naturellement chaste, il s'était donné une Montespan par « point d'honneur professionnel » (9).

La même raison l'avait conduit à encourager les arts et les sciences, bien qu'il n'eût que peu d'inclination pour les choses de l'esprit. Il fonda une Académie (10), pensionna des chanteurs italiens et des comédiens français, comme M. Jourdain, dans son désir de ressembler aux gens du bel air, s'offrait un maître de philosophie, des concerts et des ballets.

Mais les artistes et les savants attirés à Berlin trouvaient en Sophie-Charlotte, la seconde épouse de Frédéric (11), une admiratrice sincère et capable de les apprécier. On sait quelle femme d'élite fut la Reine de Prusse. Leibnitz la définissait par ces mots : « Elle est la fille de sa mère, c'est tout dire » (12). Et en effet Sophie-Charlotte avait de la Duchesse de Hanovre l'intelligence profonde, la passion des arts, la vivacité, la raillerie légère et spirituelle. L'air de la Cour ne lui plaisait pas. Elle détestait toute dissimulation et toute contrainte. Elle avait pour les lois de l'étiquette un absolu mépris et se moquait de délicieuse façon des poses solennelles de son mari. Pendant la cérémonie du couronnement, aux yeux du Monarque indigné, elle tira sa tabatière pour priser ! Aussi, tandis que Frédéric officiait pompeusement à Berlin, Sophie-Charlotte se retirait-elle à la campagne, dans son château de Lützenburg, qui, plus tard, devait porter son nom (13).

Là, dans ses salons tapissés de porcelaines de Chine et du Japon, au milieu des meubles de laque, des potiches et des magots, qu'elle aimait à collectionner, la Reine lisait, méditait et faisait de la musique (14). Autour d'elle se réunissait tout ce que Berlin comptait alors d'hommes distingués. C'était le père Vota, les pasteurs Jaquelot, Lenfant, de Beausobre et l'auteur des *Essais sur l'entendement humain* (15). Sophie-Charlotte avait une prédilection marquée pour les discussions philosophiques et pour les controverses religieuses. Elle voulait tout savoir, même le pourquoi du pourquoi, et mettait en présence des savants de doctrine opposée, espérant ainsi voir jaillir l'étincelle de la vérité. A ces graves propos succédaient des causeries familières et enjouées. La Reine y était exquise. Elle possédait au plus haut point « l'esprit de la conversation », cet esprit qui « consiste bien moins à en montrer beaucoup qu'à en faire trouver aux autres ». Sachant que les hommes, les gens de lettres en particulier, cherchent « moins à être instruits et même réjouis qu'à être goûtés et applaudis », elle donnait beau jeu aux poètes galants et précieux, aux abbés de Régnier et de Poissy, qui rimaient des madrigaux aux Iris de la Cour (16).

Les plaisirs les plus variés égayaient ce cercle charmant. Leur direction était confiée à Mademoiselle de Poellnitz, qui joignait à une rare intelligence « le talent de l'invention » (17). Elle savait toujours imaginer quelque redoute, quelque mascarade nouvelle, dont les mémoires et les correspondances de l'époque ont loué l'ordonnance et le bon goût. En 1700, pour ne citer qu'un exemple, il y eut à la Cour, en l'honneur du jour de naissance de Frédéric, un « Jahrmarkt » auquel prirent part tous les princes du sang. Leibnitz, qui assistait à cette fête, en fit à l'Electrice de Hanovre la description suivante :

« ... On représenta une foire de Village, où il y avoit des boutiques avec leurs enseignes, et l'on y vendoit pour rien des jambons, saucisses etc. Mr. d'Osten faisant le docteur empirique avoit ses arlequins et saltimbanques.... Mais rien ne fut plus joli que son joueur de gobelets : c'étoit Monseigneur le Prince électoral, qui a appris effectivement à jouer l'occuspocus.... Me. L'Electrice étoit la doctoresse.... A l'ouverture du théâtre parut l'entrée solenelle de Mr. le docteur monté sur une façon d'éléphant et Me. la doctoresse se fit voir aussi portée en chaise par ses Turcs ; le joueur de gobelets, les bouffons, les sauteurs et l'arracheur de dents vinrent après ; et quand toute la suite du docteur fut passé, il se fit un petit ballet de Bohémiennes, dames de la Cour... On vit aussi paroitre un Astrologue, le télescope à la main. Ce devoit être mon personnage ; mais monsieur le comte de Wittgenstein m'en releva charitablement. Il fit des prédictions avantageuses à Mr. l'Electeur. Me. la Princesse de Hohenzollern, principalement Bohémienne, se pris à dire la bonne aventure à Mad. l'Electrice le plus agréablement du monde, en vers allemands fort jolis qui étoient de la façon de Mr. de Besser. Enfin Mr. l'Electeur descendit lui-même de sa loge, travesti en matelot hollandois et acheta par-ci par-là dans les boutiques » (18).

A ces divertissements, la reine Sophie préférait l'opéra, le ballet et surtout la comédie française. Son goût pour notre théâtre datait de sa jeunesse, presque de son enfance. Elle avait vu représenter nos classiques à la Cour de Hanovre et à celle du Duc Jean-Frédéric. En 1679, pendant le voyage qu'elle faisait en France avec sa mère, elle applaudissait nos comédiens à Fontainebleau et au Rinci, chez le duc d'Enghien (19). L'on conçoit donc le plaisir avec lequel furent accueillis les acteurs gagés par le Roi.

Malheureusement nous ne savons à peu près rien des spectacles français donnés à Lützenburg ou à Berlin.

Pöllnitz dans son histoire des *Souverains de la Maison de Brandebourg*, constate la présence d'une « Comédie française » à Lützenburg pendant l'été de 1701, mais le baron n'entre dans aucun détail et ne parle ni des artistes, ni de leur répertoire (20).

Avec ces spectacles donnés par des professionnels, il convient de mentionner des représentations d'« à-propos », écrits en langue française et dont certains rôles étaient joués par des amateurs princiers. Deux de ces pièces nous sont parvenues.

La première, conservée aux Archives de la Maison royale (21), fut

Château de Lützelburg (Charlottenburg)

composée à l'occasion du mariage du futur Empereur Joseph I (22) avec Amélie de Braunschweig-Lüneburg (23) (1699) et sans doute représentée durant une visite que les nouveaux époux firent à leur cousine, Sophie-Charlotte*. Tour à tour Vénus, l'Hyménée, le dieu de la Sprée, ceux du Danube et du Pô célèbrent par leurs récits et par leurs chants l'auguste union

« D'une Princesse Guelfe et d'un Roy des Romains » (24).

La seconde a pour titre : « *Les Trionfes du Parnasse, fête célébrée dans le jardin royal de Lützenbourg avec musique, Sinfonie et Ballets pour le jour de la naissance de S. M. Frédéric I, roi de Prusse, électeur de Brandebourg, le XII de juillet M D C C II.* » Les rôles chantés étaient tenus par des professionnels, par le Signor Antonio Tosi (Apollon), par les Signore Schöneans (Polymnie) et Paolina Fridelin (Calliope). Les princes de Curland remplissaient les autres personnages : la Duchesse Elisabeth jouait Euterpe, la Princesse Marie Erato et le jeune Duc Cupidon (25).

Les membres de la famille royale et les courtisans dansaient également dans les ballets donnés à la Cour. Les exécutants étaient dirigés par des chorégraphes français. L'un d'eux, le Sieur Desnoyers, nous est surtout connu par les ballets qu'il fit pour *La Festa del Himeneo*, opéra représenté aux noces de Frédéric-Charles, landgrave de Hesse, et de Louise-Dorothée-Sophie, princesse de Brandeburg (1 juin 1700) (26).

Nos connaissances sur le théâtre français à l'époque de Sophie-Charlotte se bornent à ces quelques faits. La mort de la souveraine (1er février 1705) interrompit les plaisirs et jeta dans la désolation tous les hôtes de Lützenburg. Les poètes pleurèrent cette Reine, qui avait su se faire adorer et dont le nom serait toujours cher aux artistes et aux savants (27).

---

* Nous publions cet à-propos à l'appendice.

Le deuil fini, Frédéric I reprit à son service des comédiens français.

A l'automne de l'année 1706, le Roi acceptait les offres d'un directeur de spectacles, le Sieur George Du Rocher, alors en séjour à Tournay, qui s'engageait à former une troupe et à l'amener à Berlin. Un contrat, où se trouvaient exposés en quatorze articles les privilèges et les obligations des futurs comédiens ordinaires, était envoyé à Du Rocher, qui le contresignait aussitôt. Voici cet acte, dont les Archives d'Etat possèdent une copie :

« Sa Majesté le Roy de Prusse ayant resolu d'etablir dans la Ville de Sa Résidence une trouppe des Comediens François, que le Sieur du Rocher offre de faire venir icy, et de mettre en état de pouvoir jouër le premier du mois prochain, Elle a trouvé à propos de leur accorder les articles suivants.

I

Sa Majesté prendra le dit du Rocher et la dite trouppe des Comédiens, qu'il ammenera icy en Sa Protection Royale et les fera jouir des droits privilèges et immunités accordés aux Officiers Ordinaires de sa Cour.

II

Il a été ordonné qu'il soit payé au dit Du Rocher la somme de deux mille écus pour le rembourser des frais qu'il faut qu'il fasse pour faire venir la trouppe jusqu'en cette ville.

III

Sa Majesté fera donner pension de six mille Ecus par an a comter du premier de décembre de l'année présente, et de cette somme il lui sera payé quinze cent écus pour le premier quartier par avance, aussitôt que la trouppe arrivera icy, et le reste de trois mois en trois mois au tant de chaque quartier.

IV

La trouppe sera obligé de jouër la Comédie deux fois par semaine devant la Cour, soit dans cette Résidence ou aux Maisons de plaisance de sa Majesté. Et le reste du tems elle le pourra faire dans la ville. Non pourtant pas indifferemment touts les jours, mais seulement dans ceux, qui lui seront prescrits.

V

Lorsque la Trouppe jouëra devant la Cour, on luy assignera un endroit commode pour cela. On luy fournira aussi les chandeles necessaires. Mais alors la trouppe ne pourra rien exiger de qui que ce soit, qui entre dans la Comédie.

VI

Et quand elle sera à la suite de la Cour à la Campagne, elle sera voiturée, logée et nourrie.

VII

Lorsqu'elle jouëra en Ville le Roy, les Princes et Princesses de la maison Royale et les personnes que le Roy nommera pourront entrer sans rien payer. Mais touttes les autres personnes de quelque qualité qu'elles soient, qui voudront aller à la Comédie seront obligées de payer à savoir : pour le premier balcon un écu par place, pour le second un florin, et pour le troisième un demy Ecus, pour chaque place de l'Amphithéâtre un demy Ecus, et pour chaque personne au parterre 8 gros.

VIII

Le roy n'empechera pourtant point, que la Maison Royale ou d'autres Spectateurs de marque ne donnent à la trouppe des gratifications, ou qu'ils fassent un abonnement pour l'année ou pour un certain temps, comme ils le jugeront à propos.

IX

Il sera donnée une garde des Soldats gratis à la trouppe pour empecher le desordre en quelque lieu que la Comédie se jouë.

X

Avant que la trouppe se prepare a jouër aucune piece, il sera présenté à la Cour une liste de touttes celles, qu'elle aura dessein de representer en public pour sçavoir celles, qui luy seront permises.

XI

Toutte la trouppe en general et tous les particuliers qui la composent, s'abstiendront en public et par tout, non seulement de representer aucunes obscenités, mais aussi de donner aucune idée de choses indecentes ou contraires aux bonnes mœurs, et plus particulierement encor de tout ce qui pourroit, en quelque maniere que ce puisse être, blesser le respect dû à la Religion et aux choses saintes.

XII

Sur la somme sus ditte de six mille écus par an, que le Roy a promis à la trouppe, il sera retenu à chaque quartier cent écus, qui seront distribués aux pauvres suivant l'ordre de sa Majesté.

XIII

Et outre cela la trouppe payera un ecu à l'Accise touttes les fois qu'elle jouëra en Ville, moyennant quoy il sera defendu à toutte autre sorte de Comediens de jouër icy.

XIV

Le Roy accorde au sieur du Rocher le titre honoraire d'Intendant des plaisirs de sa Majesté pour porter ses ordres et régler toutte chose dans les divertissements de la Comedie.

Et pour confirmation des Articles cy dessus, Sa Majesté les a voulu signer de sa Main et y faire apposer le Sceau de ses armes. Donné à Cologne sur la Sprée ce 2 Nov. 1706.

Friderich (28).

On le voit, rien n'a été omis dans ce contrat. Les frais de voyage, les honoraires de la troupe, le prix des places, le droit des pauvres, les redevances à l'accise, l'ordre de voiler les allusions trop vives au front de Sgnanarelle et à l'instrument de M. Fleurant, tout y est consigné.

Du Rocher se rendit à Bruxelles pour compléter sa troupe. Le directeur du théâtre de cette ville, le Sieur Fonpré (29), venait de mourir ; par son décès ses pensionnaires se trouvaient libérés de leurs engagements. L'Intendant des plaisirs du Roi recruta parmi ces artistes les sujets dont il avait besoin, mais ce ne fut pas sans difficulté, comme le prouve la requête suivante :

AU ROY.

SIRE

George Du Rocher, Intendant des plaisirs de votre Majesté, luy remontre avec un très profond respect :

Qu'etant allé à Bruxelles par ordre de Votre Majesté pour assembler une Troupe de Comédiens, il engagea le Sieur Gasseau et Mad[lle] Rosidor pour entrer dans la troupe, les quels eurent d'autant moins de répugnance à quitter la troupe de Bruxelles qu'il n'y avoit point contract passé entr'eux, ny point de dédit contre ceux qui quitteroient ; à quoy contribua encore la mort du Comédien Fompré, qui par sa mort, suivant la coutume des troupes de Comédiens, rompoit tous les Engagemens que les membres de la Troupe pouvoient avoir les uns avec les autres. Cet engagement étant conclu avec les dits Gasseau et Rosidor, la Troupe des Comediens de Bruxelles reçut leurs Contes, et arrestèrent avec eux pour toutes les prétentions qu'ils pouvoient avoir les uns contre les autres sans parler d'aucun dédit.

Mais le jour du départ du suppliant, qui étoit jour de feste, la dite Troupe de Bruxelles se prévalant de la nécessité ou le suppliant se trouvoit de partir incessamment, vint sans authorité de justice, de son propre mouvement avec violence et la force en main s'opposer au départ du suppliant, déclarans qu'ils ne le laisseroient pas partir, qu'il ne leurs eut payé mille livres pour le dedit des dits Gasseau et Rosidor et poussèrent ce procédé si violent si loin, que le suppliant fut obligé de laisser partir la voiture, et de séjourner pendant trois semaines à Bruxelles avec cinquante personnes a sa charge et un Equippage tres considerable, de sorte qu'outre lesdits mille livres pour le dédit, que le suppliant a été obligé de payer, il luy en a coûté cent Loüis d'or neufs de dépence et de frais causés par ce retardement et séjour de trois semaines à Bruxelles et Gand.

Et comme les faits cy dessus sont justifiés par les actes cy joints, et qu'ainsi le suppliant a un droit manifeste et incontestable, non seulement pour la repetition des d. mille livres de dedit, mais encore pour les d. cens loüis de frais et dommages par luy soufferts, qu'il peut aisement justifier avoir débourcé reellement et de fait, le suppliant, pour parvenir a obtenir la justice, que la précipitation avec laquelle il est parti pour le service de V. M. l'a empeché d'obtenir, a été conseillé d'implorer la justice de Votre Majesté.

A ces causes, Sire, il plaise à Votre Majesté accorder au suppliant des lettres de Recommandation au Magistrat de Bruxelles pour rendre au suppliant bonne et briàve justice, et attendu que la troupe de Bruxelles doit se séparer dans peu de temps, ordonner que ses ordres soient expediez avec ceux qui s'envoyent par la poste. Et le suppliant redoublera ses vœux pour la santé et la prospérité de V. M.

PIÈCES JUSTIFICATIVES :

1º QUITTANCE DES COMEDIENS DE BRUXELLES.

Nous soubsignée Comediens reconnoissons avoir receu la somme de mille livres monoy de France de monsr Jan Gasseaux pour leur Dédie et pour sortir de la trouppe ; et nous leurs donnont permission d'aller où bon leurs semble avec toutte leurs Equipage et bagage en fois de quoÿ nous avons signé cette présente. fait à Bruxelles le 7 Xbre 1706.

La fompré.
Dauvilliers. Ernoult.
Romainville.
Lanoüe.

Comme tesmoing
avons soubsigné cette-cy.
L. Van Sasseghem. 1706.
W. Van Sasseghem.

2º ATTESTATION DE LA MORT DU SIEUR FONPRÉ.

Les soubsignées Declarent par cettci que monsr fonprez mourut vendredy le 3e Xbre 1706 ; en foy de quoy nous avons signé cette présente. fait à Bruxelle le 7 Xbre 1706.

L. Van Sasseghem 1706.
W. Van Sasseghem.

3º ATTESTATION DE L'ARREST DE l'EQUIPPAGE.

Je certifie moy Lucas deÿs facteur de Carosse de brüselle a Gand et sa femme Chatarine Tatinot que le Sieur du roché intendant du playsir de Sa Majesté le Roy de pruss at esté arreté par le Sieur Hernoú porteur des ordre de mademoiselle fompree avecq le bagage appartenant au Roy de (Prusse) et at esté couché sur mon Livre avecq une violance extreme

où que toùt le peuple at esté temoin ; en foÿ (de) quoÿ, nous avons signé
le 6 décembre 1706 que La Chose est arrivé. Fait à Bruxelle le 8 Xbre.
 et at perdú sa voiture icy at
brüsselle a La tandement.
Lucas Deÿs (30).

Cette aventure digne de figurer dans un chapitre de Scarron toucha fort peu Frédéric et le laissa sceptique malgré les pièces justificatives, que Du Rocher avait jointes à sa requête. Le Roi ne répondit pas à son Intendant. Une seconde supplique datée du 8 février 1707 (31) ne semble pas avoir été plus favorablement écoutée.

Nos comédiens commencèrent cependant à jouer à Berlin. Les spectacles de la Cour se donnaient sur un théâtre construit au-dessus du manège du château (32). Les représentations publiques avaient lieu dans une maison connue sous le nom de *Douilhac'sches Haus* et appartenant au sieur Johann von Hessig, valet de chambre du Roi (33). La location de cette salle coûtait six cents écus par an. Ce loyer étant « considérable », Du Rocher pria Frédéric par une requête datée du 8 février 1707 de l'exempter du droit des pauvres et de la redevance à l'accise (34). Nous ignorons si cette pétition fut accordée. En tout cas, l'exemption d'impôts ne suffit pas à soulager les acteurs : ils demandèrent bientôt après qu'un local leur fût gratuitement fourni pour les spectacles publics (35).

Les affaires de Du Rocher ne paraissent pas avoir été brillantes. Les recettes des représentations données à la ville et la subvention royale contrebalançaient à peine les frais de la troupe. Un mémoire adressé à M. d'Hamrath, Ministre d'Etat et Maître des Requêtes, nous donne une idée de ces dépenses. Nous lisons dans cet acte :

« Quatre danseurs à trois cens écus châcun par an.
Une danseuse trois cens écus.
Une chanteuse deux cens écus.
Un maître à chanter trois cens écus.

pour un portier deux cens écus.
pour un Décorateur deux cens écus.
pour deux valets de Théâtre huit cens livres.
pour la personne qui reçoit l'argent de la troupe deux cens écus.
pour une personne qui tient les pièces au théâtre deux cens écus.
pour trois simphonistes à nous six cens écus.
Voilà, Monseigneur, les pensionnaires, que nous avons a payer tous les ans sur les six mille écus que nous demandons tous les ans au Roy, et le reste des six mille écus se partage entre quatorze personnes qui composent la troupe du Roy tant acteurs qu'Actrices » (36).

La part des sociétaires était maigre. Aussi Du Rocher ne parvenait-il pas à payer les dettes qu'il avait contractées pour subvenir aux frais causés par l'aventure de Bruxelles et par le voyage de Tournay à Berlin. A deux reprises, il se recommanda « à la générosité ordinaire » du Souverain, mais ce dernier resta sourd à la première supplique et très probablement à la seconde (37).

Des comédiens qui composaient la troupe de Du Rocher, nous ne savons guère que les noms. C'étaient les sieurs Clavel *fils*, Dumesnil, Frick, Gasseau, Nisse et Sévigny ; les demoiselles Clavel *mère*, Clavel *fille*, Désirée, Dumesnil, Du Rocher *l'aînée*, Du Rocher *cadette* et Rosidor.

Sur un seul de ces artistes, sur François Traverse de Sévigny, nous sommes un peu plus renseignés. Aspirant à remplacer La Thuilerie, il avait débuté à la Comédie française le mercredi 31 mars 1688 par le rôle d'Oreste dans *Andromaque*. Un ordre de la Cour le fit recevoir pour doubler les *rois* et quelques *rôles rompus* dans le comique ; mais, afin de se dérober aux poursuites de ses créanciers, il se retira vers la fin de l'année 1695 et joua pendant dix-sept ans en province et à l'étranger. Le vendredi 10 juin 1712, il fit à Paris un second début dans le rôle de Mithridate. N'obtenant pas l'emploi qu'il souhaitait, il retourna en province et y mourut. Il n'avait aucun talent (38).

Sévigny était le poète de la troupe berlinoise. C'est à lui que l'on demandait les *à-propos* représentés aux fêtes de la Cour. A en

LE SIEUR DESNOYERS ET LE SIEUR LAVENANT
En costumes de prêtre d'Apollon et de Pluton

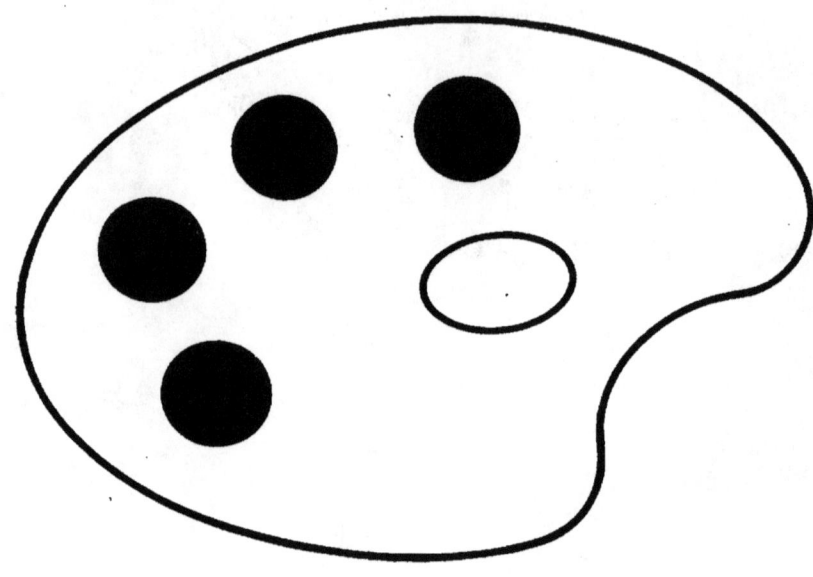

Original en couleur
NF Z 43-120-8

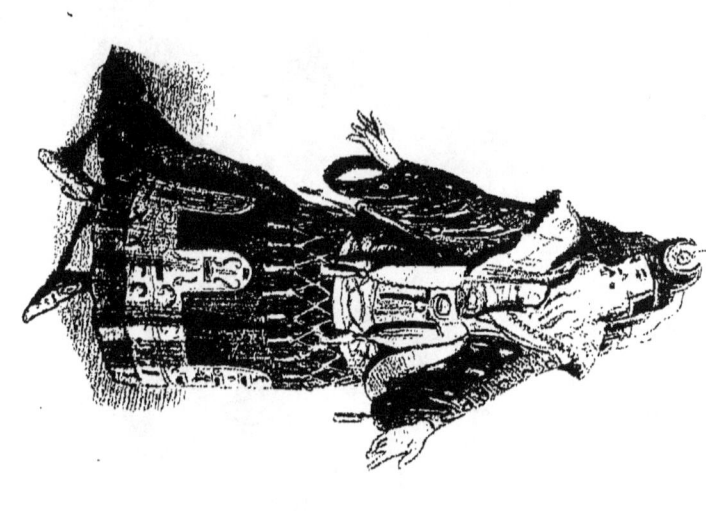

juger par deux de ses œuvres, que nous avons conservées, il était aussi médiocre comme auteur que comme acteur.

La première de ces pièces, *Le Triomphe des Amours et des Plaisirs*, fut jouée en 1708 à l'occasion du troisième mariage de Frédéric I. La seconde, *L'Impromptu des Bergers de Postdam* *, fut donnée un an après en l'honneur des Rois de Danemark et de Pologne, qui s'étaient rendus à Potsdam pour signer avec Frédéric un traité d'alliance contre Charles XII (39).

Ajoutons que la troupe de Du Rocher possédait un corps de ballet, qui dansait dans les intermèdes de ces *à-propos*. Un certain Le Mercier en composait la musique. Les divertissements étaient réglés par le sieur L'Avenant, « Maître de danse de l'Académie Royale », et par le Sieur Charles, « Maître de danse de la Cour de Bareith » (40).

Les comédiens français restèrent en Prusse jusqu'en 1711. Une ordonnance du 27 mars de cette année leur signifia leur congé. On leur payait, en plus de leurs appointements de Sainte-Lucie au dimanche de *Reminiscere*, la somme de 2000 thalers pour leurs frais de retour ; mais on leur faisait observer, que n'ayant pas joué depuis longtemps, ils n'avaient guère droit à cette indemnité (41).

Nous savons, en effet, que Sophie-Louise de Mecklemburg-Schwerin, la troisième femme de Frédéric I, était d'un piétisme farouche et blâmait les plaisirs du théâtre. A en croire Pöllnitz, sous cette princesse la Cour devint un couvent : « on n'y voyoit que des prêtres et on y étoit sans cesse en prières ou au sermon » (42).

Deux ans après le départ de Du Rocher, le Roi venait à mourir (25 février 1713).

**

A peine Frédéric avait-il rendu l'âme, que son fils se fit apporter la liste très longue des dignitaires et des pensionnaires de la Cour.

---

* Nous publions à l'appendice *Le Triomphe des Amours et des Plaisirs* et *L'Impromptu des Bergers de Postdam*.

Le prince la parcourut rapidement et biffa d'un trait de plume tous les noms qui y figuraient. M. de Tettau, chef des gardes du corps, stupéfait de cette réforme expéditive, s'écria au milieu de ses collègues : « Messieurs, notre bon maître est mort et le nouveau Roi nous envoie tous au diable » (43).

Inutile de dire que parmi ceux que Frédéric-Guillaume envoyait au diable, se trouvaient les artistes de l'Opéra, du Ballet et de la Musique royale. S'il y avait eu encore à Berlin des Comédiens français, ils eussent subi le sort de leurs camarades. Les théâtres furent fermés, les décors vendus, les costumes distribués aux pauvres. L'on vit alors se promener Unter den Linden des mendiants drapés dans les oripeaux des dieux et des héros (44).

Les lettres et les arts ne devaient pas être en faveur sous le Roi-sergent. Dès son avènement tout changea. Ceux qui voulurent conserver ses bonnes grâces « endossèrent la cuirasse ». Tout devint militaire et il ne resta plus « trace de l'ancienne Cour » (45).

Frédéric-Guillaume avait, en effet, sur son métier de Roi des idées diamétralement opposées à celles de son prédécesseur. Frédéric I manifestait sa puissance par une étiquette somptueuse et par un luxe éblouissant. Son fils fait reposer la sienne sur son économie et sur son armée. Former de bons soldats et remplir ses caves d'écus sont le but de tous ses efforts. Il ne se considère que comme le général en chef et le ministre des finances du pays ; aussi ne se croit-il pas « autorisé à jouir de la royauté » (46). Point de dépenses superflues : il porte l'uniforme de ses troupes, sa table est frugale, et le personnel de la Cour se réduit à quelques conseillers, dont la charge n'est pas une sinécure. Avec de tels principes, on conçoit que le Roi ne songera jamais à pensionner des chanteurs italiens, à gager des danseurs et des comédiens français. L'entretien de ces artistes exigerait des fonds considérables et l'argent de l'Etat peut être plus utilement employé.

D'ailleurs Frédéric-Guillaume est peu sensible aux charmes des lettres et des arts. Il est musicien et peint à ses heures de loisir et de maladie (47), mais la poésie le fait bâiller et la philosophie lui semble une « Windmacherei ». Ce n'est point à elles qu'il demandera ses distractions et l'oubli de ses soucis. A cette intelligence toute pratique, incapable de spéculation pure et d'émotion poétique, il faudra des plaisirs simples et matériels.

Le Roi aimait le vin et la pipe. Sa tabagie et les tours qu'on y jouait sont restés célèbres. Le sieur Gundling, un véritable savant, était la joie de ces réunions. Coiffé d'une perruque « qui descendait plus bas que la ceinture » et grotesquement vêtu, cet ancien professeur de Halle, après avoir absorbé un nombre respectable de bouteilles, montait dans une tribune et y divaguait de la façon la plus bouffonne (48).

Les plaisanteries épaisses et les anecdotes de haute graisse avaient le don d'amuser Frédéric-Guillaume: d'où son goût pour Hanswurst et pour Pickelhering. Leurs comédies impromptues « pleines d'agréables intrigues et hautement burlesques » étaient le seul théâtre qui lui plût.

Lorsqu'une troupe de ces farceurs traversait Berlin, le Roi allait les applaudir. Parfois il les engageait à son service pour quelques semaines ; mais le plus souvent les comédiens jouaient pour leur propre compte et payaient à la trésorerie la location de leur salle et le droit de jouer en public (49).

La Margrave de Bareith a décrit dans ses *Mémoires* ces représentations. Elles avaient lieu dans un manège ou dans de mauvaises baraques construites en planches (5o). Les courants d'air de la scène faisaient fumer les chandelles de la rampe ; l'odeur était infecte. Le spectacle durait quatre heures. Quand Frédéric-Guillaume s'y rendait, toute la Cour avait le devoir d'y assister. « On étoit excommunié quand on y alloit pas... on osoit ni remuer, ni parler de peur de s'attirer des mercuriales » (51). Le Roi, qui détestait le luxe, exigeait que les spectateurs fussent simplement vêtus. Les bourgeois portaient des habits bleu foncé, couleur des uniformes d'infanterie ; les dames nobles des robes de laine sans broderie (52). Il était expressément interdit aux artistes de représenter des choses « impies, pecatoires, scandaleuses, indécentes ou nuisibles au christianisme » (53). La Margrave ajoute que les pièces étaient « à dormir debout ». Bravant la colère royale, elle se cachait au fond de la salle et causait avec les princesses du sang, sans prêter aucune attention à ce qui se passait sur la scène (54). Sœur Guillemette, la future amie de Voltaire, eût souhaité d'applaudir Molière et Racine, mais Frédéric-Guillaume ne pouvait souffrir ces auteurs, dont un précepteur « bel esprit et pédant » l'avait dégoûté (55).

La Reine Sophie-Dorothée, qui, elle aussi, aimait nos modes (56), notre langue (57) et nos chefs-d'œuvre, avait une fois désiré faire venir à Berlin les Comédiens français de la Cour de Hanovre. Le Roi de Grande-Bretagne les lui prêtait obligeamment. Frédéric-Guillaume, le terrible despote, ne voulut pas en entendre parler (58). Sophie-Dorothée dut se contenter de Pickelhering et d'Arlequin.

Les marionnettes amusaient également le roi de Prusse. Il les préférait même aux acteurs vivants, jugeant leurs spectacles plus innocents. Cependant ces poupées n'évitaient pas toujours les grivoiseries et les mots lestes ; mais mal leur en prenait. Un jour Frédéric-Guillaume, assistant à une de leurs représentations, crut remarquer quelques paroles choquantes. Il pria le Consistorialrath Roloff de se rendre au théâtre et de donner son avis. L'austère pasteur se récusa, invoquant les devoirs et la dignité de son état. Le Roi commit alors un diacre au soin de juger. Ce dernier obéit. Effarouché d'un passage, il le nota sur ses tablettes. Frédéric-Guillaume, qui ne quittait pas des yeux le censeur improvisé, saisit l'inconvenance du propos et sortit brusquement. Le soir même, l'impresario avait ordre de quitter Berlin dans les vingt-quatre heures et de ne plus y revenir (59).

Les acrobates et les funambules avaient aussi les faveurs du Roi. On connaît son admiration pour Eckenberg « der starke Mann », qui portait à bras tendu un canon de deux mille livres, sur lequel s'asseyait un tambour. Cet individu, que Frédéric-Guillaume donnait en exemple à ses grenadiers, fut promu à la dignité d' « Intendant des plaisirs du Roi » et de « Kgl. Preusz. Hofkomediant », titres purement honorifiques (60). En outre, il reçut le privilège

de voyager dans le royaume et de montrer « en tout lieu qu'il lui plairait la force prodigieuse, dont Dieu l'avait gratifié ». Eckenberg eut tous les honneurs : son portrait fut gravé et dans des vers composés à sa gloire, on le compara à Samson (61).

Tels furent les spectacles de la Cour sous le règne de fer du Roi-sergent. Hanswurst, des marionnettes et des hercules remplacèrent les virtuoses italiens et les acteurs français, qui avaient charmé par leurs talents Sophie-Charlotte et Frédéric I.

Mais, non loin de Berlin, d'où l'on proscrit les poètes sans les couronner de fleurs, nous allons trouver un nouveau Lützenburg, où les arts sont honorés et nos classiques applaudis.

*
* *

Nous avons nommé Rheinsberg, la résidence de Frédéric II, Prince royal.

C'est une petite ville située au nord de la Marche sur les confins du Mecklembourg, à trois milles de Neu-Ruppin. Elle s'élève sur les bords d'un lac entouré de collines boisées. Son aspect riant contraste avec la campagne triste et monotone des environs : des plaines stériles, où domine l'ocre des sables et où tournent avec mélancolie quelques moulins à vent ; des prairies d'un vert pâle, que traversent de mauvais chemins ; des marécages et d'épaisses forêts de pins.

Au bas de la place du marché plantée de tilleuls et entourée de petites maisons d'une exemplaire propreté, se trouve le château, édifice quadrangulaire, dont les côtés longs regardent la ville et les eaux du lac.

A cet emplacement, on voyait autrefois un vieux burg, qui, après avoir appartenu à plusieurs familles nobles, avait été donné par le Grand Electeur à un huguenot, au général Du Hamel. Ce dernier vendit le domaine à un de ses compatriotes, au conseiller Chenevix de Béville. Des réfugiés s'établirent alors dans le pays et Rheinsberg devint bientôt une ville à peu près française.

Frédéric s'y rendait souvent, lorsqu'il était en garnison à Ruppin.

La tranquillité et le charme de l'endroit séduisaient le Prince et lui faisaient oublier les ennuis et les fatigues de la vie militaire ; aussi l'idée lui vint-elle d'acquérir la seigneurie des Béville et de s'y installer. Le Roi accéda pleinement au désir de son fils, qui avait fait preuve d'obéissance en épousant une princesse de Brunswick-Bevern, et qui, par son exactitude à remplir ses devoirs d'officier, s'était fait pardonner sa passion pour la flûte et son amour de rimer. La terre et le burg furent achetés pour la somme de sept mille écus (62). Frédéric chargea ses artistes favoris de transformer l'antique demeure et d'en faire une retraite digne d'un poète et d'un philosophe couronné. Knobelsdorff, vieux reître, qui avait abandonné l'épée pour se vouer à l'architecture et aux beaux-arts, Pesne, le peintre de l'Amour, et Dubuisson, celui des fleurs, se mirent à l'ouvrage. Ils eurent bientôt satisfait les exigences de leur auguste ami.

L'ancien bâtiment se composait d'un corps de logis et d'une aile terminée par une tour. Le corps de logis fut réparé et embelli de fenêtres cintrées et de statues. On y ajouta une seconde aile semblable à celle qui existait déjà. A son extrémité, l'on construisit une tour pour faire pendant à l'ancienne ; puis les deux tours furent reliées par une colonnade d'ordre ionique surmontée d'une galerie à l'italienne. Au fronton du portail principal, on grava la célèbre inscription :

FREDERICO

TRANQUILLITATEM COLENTI

CIƆIƆCCXXXIX

De larges croisées inondent de jour les appartements décorés de couleurs claires : les bleus pâles et les gris de lin s'harmonisent avec les dorures discrètes, les roses et les céladons. Tout semble rire aux yeux du visiteur. L'on sent que Frédéric a voulu oublier dans cet asile de paix et de joie les heures sombres de sa jeunesse.

Une vaste pièce, le Conzertzimmer, occupe toute l'aile droite du château. Au plafond Pesne a peint le lever du soleil, allusion flatteuse au prochain avènement du Prince. Aux quatre coins du salon, des grappes d'attributs sont suspendues aux frises dorées : violons, tambourins, flûtes et chalumeaux. Des coquilles aux fines nervures, des feuilles d'acanthe et des guirlandes enrubannées encadrent les trumeaux en glace, les lambris en stuc, les fenêtres et les portes, où sont sculptées les scènes de la mythologie galante. Dans le corps de logis se trouvent les petits appartements et le Rittersaal tapissé de miroirs, de trophées et de médaillons. L'aile gauche et la tour, qui la termine, renferment le cabinet de travail et la bibliothèque. Cette dernière comptait près de quatre mille volumes, dont on possède encore le catalogue. Les livres français étaient les plus nombreux (63). L'Arbeitzimmer est éclairé par trois fenêtres donnant sur le lac et les jardins. Dans les nuages du plafond apparaît Minerve escortée de génies ; l'un porte une épée, l'autre une lyre, un troisième une tablette, où se lisent les noms d'Horace et de Voltaire. Au milieu de la chambre, une table-pupitre et un grand fauteuil ; c'est là que furent composés l'*Anti-Machiavel* et les premières poésies de Frédéric. Devant le bureau se dressait autrefois un portrait de l'auteur d'*Alzire*. En travaillant, le Prince-philosophe avait sous les yeux l'image de son maître, qui semblait lui murmurer avec un malin sourire :

« N'allez pas sur des vers sans fruit vous consumer,
Ni prendre pour génie un amour de rimer » (64).

Telle est cette résidence jadis si brillante, aujourd'hui complètement abandonnée. En parcourant les appartements déserts, où les pas retentissent comme sur les dalles d'une église, l'étranger sent revivre tout un passé charmant depuis longtemps évanoui. Il revoit Frédéric âgé de vingt-cinq ans, le front haut et clair, les yeux graves et doux, la bouche moqueuse et quelque peu sensuelle, bref le Frédéric que Pesne a peint dans l'admirable tableau du Musée de Berlin. Autour du Prince se groupe une pléiade d'amis, d'artistes et de beaux esprits, dont Bielfeld, le Dangeau de Rheinsberg, a spirituellement crayonné les portraits dans ses *Lettres familières*.

Voici Monsieur de Wolden, maréchal de la Cour, qui remplit ses fonctions « avec tout le zèle, toute la dignité et toute la politesse possible » ; le Baron de la Motte-Fouqué, qui a connu Frédéric à Cüstrin et l'a retrouvé sur le Rhin en 1734 ; le Chevalier de Chasot, un « fin Normand », qui pétille d'esprit et

« ...... sert par semestre
Ou Diane ou tantôt Vénus (65) ».

Kayserling, — l'aimable Césarion, — gentilhomme courlandais, original de grand savoir, dont les idées et les connaissances sont à tel point embrouillées, que la Margrave de Bareith le compare à « une bibliothèque renversée » (66).

Les lettres sont représentées par le jeune Algarotti et par Jordan, un Français réfugié

« Plus aimable qu'Erasme autant et plus savant »,

dont l'érudition, les souvenirs de voyage et la verve méridionale charment Frédéric ; les arts par Knobelsdorff, par Pesne et par Graun, qui dirigera plus tard l'Opéra royal.

Quelques femmes complètent le cénacle de Rheinsberg. Le Prince leur préfère les savants, mais il reconnaît qu'elles sont indispensables dans la société et que sans elles toute conversation deviendrait languissante.

Madame de Katsch, âgée de soixante ans et qui « allie sur son visage et dans ses manières la gravité et la douceur, la décence et la gaieté », occupe auprès de la Princesse royale la place de gouvernante. Deux dames d'honneur la secondent dans ses fonctions : Mademoiselle de Schack, qui n'est pas une beauté, mais dont la main est bien coupée et le pied fort élégant ; Mademoiselle de

Walmoden, délicieusement jolie sous la forêt de ses cheveux blonds (67).

A ces noms ajoutons ceux de la fringante Madame de Morrien, que Frédéric surnomme le « Tourbillon », de Mademoiselle de Tetau, de Madame de Kanenberg et de Madame de Brandt. Cette dernière, à en croire les mauvaises langues de la Cour, regardait le Prince d'un œil fort doux et ne se serait point montrée cruelle envers lui.

A Rheinsberg, les lois de l'étiquette ne sont pas rigoureuses. « Tous ceux qui sont domiciliés au château jouissent d'une liberté entière. » On vit à son gré. « Chacun réfléchit, lit, pense, dessine, joue de quelque instrument...... et s'habille proprement, mais sans faste pour l'heure du dîner » (68).

Ce dîner est une fête de l'esprit. Tous les convives se mettent en frais pour complaire à l'amphitryon. Les réparties fines, les idées neuves, les aperçus ingénieux, les bons mots, les railleries mordantes se croisent et s'entre-croisent. On parle de tout :

« . . . . . de philosophie,
Des charmes de la vérité,
De Newton, de l'astronomie,
De peinture et de poésie,
D'histoire et de l'antiquité,
Des heureux talents, du génie,
De la Grèce et de l'Italie,
D'amour, de vers, de volupté. »

Les soirées sont consacrées à l'art. Le Prince exécute sur sa flûte traversière la sonate qu'il a composée l'après-midi. On applaudit Graun et le violon de Benda. Parfois ces concerts sont suivis de bals. A ces occasions, Frédéric quitte son uniforme et le remplace par un habit de gala en moire céladon, brodé de larges brandebourgs d'argent avec « des houpes et des glands flottant aux extrémités ». Les cavaliers de la Cour sont vêtus de même, mais avec moins de richesse (69). Les dames fleurissent leurs paniers

de soie claire et leurs corsages largement échancrés. Les courantes succèdent aux menuets.

Mais le plus souvent on « fait la tragédie et la comédie ». Frédéric adorait le théâtre, qui avait toujours été pour lui un fruit défendu et dont ses maîtres, sur l'ordre du Roi, s'étaient efforcés de le dégoûter (70). Voir représenter nos classiques, dont il se nourrissait, et les chefs-d'œuvre lyriques, qu'il déchiffrait avec passion, était un de ses plus vifs désirs. Il brûlait d'avoir une Comédie française et un Opéra italien, comme en avait eu sa grand'mère Sophie-Charlotte. Malheureusement, sa pension de Prince royal ne lui permettait pas encore ce luxe de souverain ; aussi se contentait-il de quelques chanteurs et jouait-il avec ses amis les œuvres de ses poètes préférés.

Rheinsberg avait donc une troupe de comédiens amateurs, dont Frédéric était le premier sujet. A en croire les contemporains, il s'acquittait parfaitement de ses rôles. Formey assure, dans les *Souvenirs d'un citoyen*, que le Prince a des « talents supérieurs pour la déclamation » et qu'Aufresne et Lekain l'ont admiré « sans flatterie » (71). D'autre part, Fleury rapporte, dans ses *Mémoires*, qu'un voyageur, après avoir entendu réciter Frédéric, le jugea digne d'entrer à la Comédie-Française : « S'il n'avait pas ses Etats à gouverner, dit cet admirateur du Roi de Prusse, et qu'il lui prît fantaisie de venir débuter à Paris, il ferait frémir plus d'un chef d'emploi... Vous demanderez à d'Alembert, il l'a entendu comme moi ; sa manière est celle de Monvel. Il possède la qualité la plus rare, celle de s'émouvoir. Cela donne à tout ce qu'il dit une vie et un mouvement qui se communiquent aux autres... » (72). Il y a peut-être quelque exagération dans ces éloges, mais à coup sûr Frédéric se plaisait à dire des vers et à en faire ressortir les beautés par un débit savamment nuancé. Les soirs de bataille, le vainqueur de Mollwitz oubliait les fatigues et les émotions de la journée en déclamant du Racine (73).

Nous savons peu de choses des autres acteurs de Rheinsberg. Monsieur de Brandt mettait en scène avec beaucoup d'habileté.

Sa femme était une *coquette* accomplie au théâtre comme à la ville. Mademoiselle de Tetau jouait à ravir les *ingénues*. Enfin le Baron de La Motte-Fouqué s'essayait dans les *pères nobles* et les *confidents* sans y réussir.

Nous sommes aussi mal renseignés sur le répertoire de la troupe. Bielfeld n'en parle pas et Frédéric n'en dit presque rien dans sa correspondance avec l'auteur de *Zaïre* et avec la Margrave de Bareith. Les noms de Racine et de Voltaire, surtout celui de Voltaire, sont ceux qui paraissent le plus souvent sur l'affiche. En 1736, on donne *Mithridate*. Frédéric représente avec succès le héros de la pièce, mais il est fort mal secondé par le Baron de La Motte-Fouqué, exécrable dans Arbate (74). L'année d'après, au mois de septembre, on joue *Œdipe ;* le Prince s'y fait applaudir dans le rôle de Philoctète (75). Un an plus tard, on se « divertit » avec *l'Enfant prodigue* (76) et *l'Ecole des Amis* (77). Nous ne connaissons pas les programmes de 1739, mais en avril 1740, il est question de monter *la Prude* (78) et, le mois suivant, l'*Edouard III* de Gresset est froidement accueilli (79).

Voilà tout ce que l'on sait de positif sur les spectacles de Rheinsberg. Ajoutons que le château n'ayant pas encore de théâtre (80), les représentations avaient lieu soit dans le Conzertzimmer, soit dans le Rittersaal entre deux paravents.

La mort de Frédéric-Guillaume (31 mai 1740) mit fin à ces spectacles. La petite troupe se dispersa et la comédie de société ne fut plus jouée qu'à de rares occasions (81), dans la résidence, où Frédéric, entouré d'amis dévoués, de femmes exquises et d'artistes de talent, avait passé les heures les plus heureuses de sa vie.

Dès les premiers mois de son règne, le Roi de Prusse allait mander à Berlin des acteurs de profession et créer à sa Cour un théâtre français régulier.

CHAPITRE II

LA COMÉDIE FRANÇAISE
A LA COUR DE FRÉDÉRIC II
1740-1756 (1)

LA TROUPE DE DE LA NOUE. — PREMIÈRE CAMPAGNE DE SILÉSIE. — OUVERTURE DE LA COMÉDIE FRANÇAISE (1742). — SON DIRECTEUR. — LES ARTISTES. LA FAMILLE COCHOIS. — SECONDE CAMPAGNE DE SILÉSIE. — LE VOYAGE DU MARQUIS D'ARGENS. — NOUVEAUX ENGAGEMENTS. — LE THÉÂTRE DE SOCIÉTÉ A LA COUR. — VOLTAIRE RÉGISSEUR. — LE RÉPERTOIRE.

Frédéric II, cet élève de Voltaire, qui pastichait Racine, et écrivait des pièces où abondent les emprunts à Molière et à Dancourt, ne pouvait se passer d'une Comédie française. A Rheinsberg, sa pension de Prince royal et la crainte de mécontenter son père ne lui avaient pas permis de gager des acteurs de profession ; mais arrivé au pouvoir, maître de ses actes et de ses finances, il allait sans tarder réaliser le rêve de sa jeunesse et doter sa Cour d'un théâtre régulier.

Le deuil de Frédéric-Guillaume était loin d'être terminé que le Roi s'occupait déjà de mettre son projet à exécution. Dès le mois de juillet 1740, il est question de faire venir en Prusse des comédiens français ; témoin cette lettre de M. de Raesfeld qui écrit de la Haye à Frédéric pour lui recommander une certaine Mademoiselle Berno, actrice de talent et dont les mœurs sont irréprochables :

« La Haye 26 juillet 1740.

« SIRE

« Comme tout le monde dit que pour attirer des Etrangers à sa cour, Votre Majesté a résolu d'établir une Comédie à Berlin, une certaine Mademoiselle Berno m'est venu voir pour me prier de la recommender très humblement à Votre Majesté ; c'est une personne qui a joué ici le premier rôle tant dans le sérieux que dans le comique avec applaudissement et dont la conduite a toujours été sans reproche. Si Votre Majesté l'ordonne, elle se rendra à Berlin pour y être employée et je ne doute pas qu'elle ne donne de la satisfaction aux spectateurs. J'attendrai les ordres de Votre Majesté là-dessus..... etc. (2) »

Aux acteurs qu'on lui proposait de part et d'autre, Frédéric préféra une troupe homogène qui se sentît les coudes et fût formée par un homme du métier. Il pria Voltaire de la lui procurer. Le poète, qui avait fortement engagé « le Salomon du Nord » à « mettre la tragédie et la comédie française au nombre des beaux-arts qui fleurissaient sur les bords de la Sprée », s'empressa de satisfaire le désir de son auguste ami. Il s'adressa à Jean Sauvé De La Noue (3), directeur des théâtres de Lille et de Douai, et avant même d'avoir reçu les ordres définitifs du Roi, offrit à cet excellent comédien de régir la scène de Berlin et d'en recruter les sujets. De La Noue, l'auteur de *Mahomet II*, serait reçu en Prusse avec « les marques les plus flatteuses ». On l'y considérerait non pas seulement comme « le chef d'une société destinée au plaisir », mais comme un homme digne des plus grandes attentions. Dans une république gouvernée par un philosophe, il n'aurait pas à craindre les préjugés que les Welches avaient contre les gens de théâtre. Enfin Voltaire ne pourrait jamais mieux servir son protecteur qu'en lui envoyant « un homme d'esprit et de talents, aussi estimable par son caractère que par ses ouvrages et seul capable peut-être de rendre à son art l'honneur et la considération que cet art mérite » (4).

Frédéric, auquel Voltaire avait vanté l'habileté et la probité de De La Noue, se décida à l'engager. Au mois d'octobre 1740, il écrivit à l'auteur de *Zaïre* d'enjoindre au directeur lillois « de lever une troupe en France et de l'amener à Berlin le 1er de juin 1741 ». Il fallait que cette troupe fût bonne, complète pour le tragique et pour le comique, que les premiers rôles fussent en double (5).

Sur-le-champ, Voltaire transmit à De La Noue les ordres royaux et répondit au « plus aimable souverain de l'univers » :

« Bientôt à Berlin vous l'aurez
Cette cohorte théâtrale,
Race gueuse, fière et vénale,
Héros errants et bigarrés,
Portant avec habits dorés
Diamants faux et linge sale ;
Hurlant pour l'empire romain,
Ou pour quelque fière inhumaine ;
Gouvernant, trois fois la semaine,
L'univers pour gagner du pain.

Vous aurez maussades actrices
Moitié femme et moitié putain,
L'une bégueule avec caprices,
L'autre débonnaire et catin
A qui le souffleur ou Crispin
Fait un enfant dans les coulisses » (6).

Frédéric avait à peine lu ces vers, qu'un grave événement venait déranger ses plans. L'empereur Charles VI était mort et dès lors la guerre de la Succession d'Autriche allait donner au Roi de sérieuses occupations et ne pas lui laisser le loisir de s'occuper « d'actrices, de ballets et de théâtres ». Au mois de juin, à l'époque où De La Noue devait se trouver à Berlin, il s'agirait sans doute « de poudre à canon, de soldats et de tranchées ». Frédéric se voyait donc forcé de suspendre le marché qu'il avait contracté (7).

Ce contre-ordre fut la ruine de De La Noue. Voyant une fortune dans les offres que Voltaire lui avait faites, il s'était hâté d'obéir à Sa Majesté prussienne. Les préparatifs étaient terminés, les engagements signés et la troupe formée quand arriva le commandement de tout suspendre.

A cette nouvelle, De La Noue perd la tête. Partira-t-il jamais? La pièce que l'on va jouer en Silésie peut retarder longtemps l'exécution des projets qu'on a faits à Berlin pour les arts et pour les plaisirs. Le malheureux impresario se voit poursuivi, déshonoré, traqué. Il n'a agi que d'après les injonctions du Roi transmises par Voltaire ; il n'aura d'autre ressource que de les produire publiquement et cela ne manquera pas de faire scandale :

« .... Mon état, au sujet du contre-ordre que j'ai reçu, écrit-il, m'inquiète beaucoup moins que l'éclat horrible que va causer un tel incident. J'ai dit tout haut, j'ai écrit que Sa Majesté avait daigné me choisir pour me mettre à la tête de ses spectacles. Que répondrai-je à ceux qui me demanderont les suites de ma commission? aux protecteurs qui voudront me retenir en France? Ce n'est pas tout. Quinze comédiens ou comédiennes perdront, en quelque lieu qu'ils aillent, un engagement formé au service de Sa Majesté; ces mêmes acteurs vont revenir sur moi, me traduiront devant les magistrats pour se faire tenir leurs engagements : Je serai contraint de produire mes ordres. Mes lettres et celles de M. de Voltaire sont précises.... Ne seroit-ce pas exposer indécemment le nom sacré d'un roy, dont toutes les démarches fixent aujourd'huy les yeux de toute l'Europe? Les roys ne tirent pas toute leur réputation de la réussite de leurs grands projets; les plus petites choses y contribuent... (8) »

Sans doute Frédéric était moins pénétré de cette vérité et pensait que les grandes entreprises ne donnent pas le loisir d'éplucher les petites choses, car il laissa De La Noue se tirer d'affaire comme il le pourrait. Pour mettre à l'abri sa réputation d'honnête homme, l'auteur de *Mahomet II* dut payer de ses propres deniers les artistes qu'il avait engagés pour la scène de Berlin.

La première campagne de Silésie fut terminée en moins de dix-huit mois. Après ses brillants succès, le vainqueur de Mollwitz se tient sur le qui-vive, les armes à la main, sans toutefois prendre une part active à la guerre européenne ; ce n'est qu'en 1745, que nous le reverrons à la tête de ses armées. Aussi la Paix de Breslau signée, Frédéric va-t-il pouvoir songer de nouveau au projet qu'il a fort à cœur et mander en Prusse des comédiens français.

Dès l'été de 1742, nous trouvons des acteurs au service du Roi. Nous sommes mal renseignés à leur sujet. Ils jouaient une fois par semaine soit au palais royal, dans une salle élevée par Knobelsdorff (9), soit chez la Reine mère, au château de Monbijou. Les journaux de l'époque mentionnent ces spectacles sans rien dire des artistes et des œuvres représentées. Nous n'avons trouvé qu'une exception à ce laconisme regrettable : *Die berlinische privilegierte Zeitung* annonce que le 9 août 1742, *Rhadamiste et Zénobie*, la tragédie de Crébillon, fut donnée à la Cour. Les acteurs étaient peu nombreux et à de rares exceptions près fort médiocres. La plupart n'étaient que des danseurs de l'Opéra qui s'exerçaient tant bien que mal à jouer la comédie. Ils interprétaient passablement le Molière et le répertoire du Théâtre italien, mais Frédéric leur défendit de chausser le cothurne, ne les en trouvant pas dignes (10). Comme le remarquait Voltaire, la troupe comique du Roi différait de ses troupes guerrières : elle n'était pas la première de l'Europe (11). L'auteur de *Zaïre* offrit d'envoyer à Berlin quelques bons sujets de tragédie (12) et un jeune homme « d'esprit et de mérite » qui serait très capable de gouverner « le tripot » (13). Frédéric n'accepta pas ; ce fut à d'Argens qu'il confia la direction de sa Comédie française.

On sait quel singulier personnage était Jean-Baptiste Boyer, Marquis d'Argens. Fils d'un procureur au Parlement d'Aix en Provence, il fut destiné à revêtir la robe d'avocat, mais il ne cacha pas son antipathie pour cette profession qui cadrait peu avec son amour du plaisir et sa haine de toute contrainte. L'on dut céder à ses instances et lui laisser prendre sa volée. Ses années de jeunesse sont tout un roman. Bohème incorrigible, il est tour à tour officier, peintre, apprenti diplomate, auteur à la solde des libraires hollandais et faiseur de romans libertins aux deux sens de ce mot. Toujours criblé de dettes et léger d'argent, il va, comme Figaro, de ville en ville, demandant sa subsistance tantôt à la faveur des grands, tantôt à sa plume mordante et spirituelle, riant au bon temps, se consolant de la fortune adverse en se grisant de la gaieté qui est innée en lui, de cette gaieté méridionale qui dore de soleil les choses les plus foncées.

Frédéric, séduit par la vive intelligence et l'esprit étincelant de l'auteur des *Lettres juives*, l'attira à sa Cour et lui donna la clef de chambellan. D'Argens fut en outre nommé directeur de la classe des belles-lettres à l'Académie et adjoint au Baron de Sweerts, intendant des spectacles, auquel l'administration de l'Opéra ne laissait guère le loisir de s'occuper de la Comédie.

Le Marquis fut commis au soin de recruter et de former les acteurs français. Personne ne pouvait mieux s'acquitter que lui de cet emploi. Il connaissait fort bien les choses du théâtre dont il avait toujours adoré les déesses et n'ayant jamais cessé de fréquenter coulisses et foyers, il savait de quelle fermeté et de quelle diplomatie il faut user pour conduire les « étranges animaux » que sont les comédiens.

Devenu directeur de la Comédie française berlinoise, il s'empressa d'en augmenter le personnel. Ce n'était pas sans difficultés, car si Frédéric voulait avoir des acteurs à son service, il entendait ne leur payer que de très modestes honoraires et rembourser le moins de frais de voyage possible. Deux curieuses lettres de d'Argens au Roi montreront la peine que se donna le

Marquis pour satisfaire à bon marché les exigences du Souverain :

« SIRE, lui écrit-il le 19 mai 1743, j'ai terminé selon les ordres de Votre Majesté, l'engagement de ce comédien, qui s'engage à jouer sans apointemens jusqu'au mois d'octobre, moïennant que je le prenne pour le service de Votre Majesté pendant deux ans à cinq cents écus de gage par an. Il a demandé deux cent écus pour son voïage et pour le port de ses hardes et ballots, étant fort bien en habit de théâtre ; mais je lui ai dit que j'avois ordre de Votre Majesté de ne paier que cent cinquante écus pour son voïage, c'est-à-dire cent écus pour luy et cinquante écus pour ses équipages, et que n'aiant que l'Allemagne à traverser il ne pouvoit exigé le même argent qu'il avoit plu à Votre Majesté de donner aux danseurs, qu'elle avoit fait venir de plus loin. J'espère que je n'aurai rien fait en cela qui déplaise à Votre Majesté et qu'elle voudra bien me faire ordonner l'arrangement que je dois prendre pour l'argent du voïage de ce comédien. J'ai reçu hier, Sire, une lettre d'un comédien et d'une comédienne qui sont de bon sujets pour le tragique et pour le comique, ils jouent les premiers rôles à la Comédie de Lille. Ils demandent six cent écus chacun d'appointement et quatre cent écus pour le voïage. Je leur écris aujourd'hui et je leur offre cinq cent écus d'appointements à chacun et trois cent écus pour le voïage à condition qu'ils viendront dans six semaines et qu'ils joueront sans appointement jusqu'au mois d'octobre. Quant au premier comédien qui a fini son engagement, il est déjà en chemin et arrivera à ce que je pense avec la femme de forge, étant parti avec elle de munic, où il se trouvoit depuis qu'il avoit quitté la france. Je supplie instamment Votre Majesté de me faire avertir si dans ce que je fais il y a quelque chose qu'elle n'approuve point, ne craignant rien autant que luy déplaire.
Je suis avec le plus profond respect, de Votre Majesté le très humble, très obéissant et très dévoué serviteur et
Sujet Marquis d'Argens (14). »

Voici la seconde lettre, écrite trois semaines après la précédente, le 12 juin :

« SIRE, le comédien, qui a déjà joué deux fois, m'ayant proposé de s'engager pour le mois d'octobre et de représenter jusqu'alors sans appointements, je pense que j'agirai pour le service de Votre Majesté si je l'arrête pour jouer les troisièmes rôles, pour lesquels il parait bon. Je l'aurai à fort bon marché ; je ne l'engage que pour un an, à quatre cents écus. Ainsi il ne revient pas à plus de deux cent cinquante parce que je ne lui paye rien pour son voïage et que je serois obligé de donner cent cinquante écus à un autre qu'il faudroit faire venir à sa place, et qui peut-être ne seroit point aussi passable que lui. Votre Majesté n'ignore pas que les comédiens d'une grande force ne s'engagent que pour les premiers rôles. Celui-ci est d'une belle figure, a de la mémoire, connait le théâtre et pourra devenir un très grand acteur. Il manque de finesse et de jeu, mais il n'est que pour les troisièmes rôles. J'aurai soin, d'ici au mois d'octobre, de le faire étudier et je lui donnerai les conseils que tout auteur est obligé en conscience de donner à tout sujet et vassal d'Apollon. J'attends les ordres de Votre Majesté, et suis avec le plus profond respect... (15). »

A force de patience et d'activité, d'Argens réussit à former avec ces comédiens au rabais une assez bonne troupe. Nous n'en connaissons que les premiers sujets. C'étaient les sieurs Rosembert (16), Favier, Desforges, *jeune premier* accompli, sa femme qui jouait les *rôles de caractère* (17), Madame Hauteville, Mademoiselle Babet Cochois et son frère.

Ces deux derniers, les meilleurs artistes de la Comédie berlinoise, sont d'une famille dont tous les membres montèrent sur les planches. Leur père, simple acteur forain, était de la troupe du célèbre Francisque et remplissait les rôles de Gille, personnage de toutes les parades, qui par ses niaiseries et son habit blanc rappelait le Pierrot de *la Commedia dell'arte*. Cochois faisait à ravir le saut périlleux et franchissait d'un seul bond une rangée de chaises et de fauteuils. En exécutant ce tour, le malheureux se cassa le tendon d'Achille et dut renoncer à son emploi, qui comportait les pirouettes et les culbutes (18). Pendant une tournée « à Lille en Flandre », il avait épousé la sœur de son directeur, Mademoiselle Molain (19), une piquante soubrette qui détaillait à ravir le couplet et obtint un succès étourdissant à la foire Saint-Laurent de 1720 dans *la Statue merveilleuse* (20). Les époux Cochois suivirent la troupe de Francisque en province et dans « les pays étrangers ». Où allèrent-ils ? Dans quelles villes furent-ils applaudis? Nous l'ignorons absolument. Pendant vingt ans nous perdons leurs traces. Ce n'est qu'en 1742 que nous retrouvons Madame Cochois, établie à Berlin, veuve (21) avec trois enfants, un fils et deux filles. Tous trois appartiennent aux théâtres royaux dont leur mère ne semble pas avoir fait partie, bien qu'elle fût encore jeune et fort courtisée, comme l'attestent ces vers d'un de ses adorateurs :

« Vers à Mademoiselle Cochois, *la Mère*.

Sage et belle Cochois, fille de Melpomène,
Toi de qui ma raison chérit la douce chaîne,
Qui joins à la vertu l'Esprit le plus brillant,
Ecoute dans ces Vers un Poëte naissant.
Le désir de te plaire est le Dieu qui m'inspire,
L'Amour dicte les Sons que répète ma Lyre.
Je sçais que contre lui ton Cœur est révolté
Et que ce Dieu par toi fut toujours insulté.
Tes captifs dans leurs fers n'ont aucune espérance,
Tu te ris de leurs maux, tu blames leur constance,
Mais songe que les Dieux, qui nous donnent un Cœur
N'ont pû se garantir d'une amoureuse ardeur.
Plus on nous les dépeint puissants et pleins de charmes,
Plus souvent à l'Amour ils ont rendu les Armes.
Apollon et Mercure ont aimé mille fois,
Omphale réduisit Alcide sous ses Loix,
Ariane à Bacchus donna de la tendresse.
Il n'est point de Grandeur que le Ciel ne rabaisse ;
Les mortels peuvent-ils plus que n'ont pû les Dieux ?
Si le plus grand de tous eut connu tes beaux yeux,
Il auroit avec toi partagé son Empire.
Je ne suis point un Dieu, je te vois et soupire (22). »

Non contente de laisser soupirer ses amants et d'être fidèle à la mémoire de son mari, Madame Cochois éleva fort bien ses filles, sans rigorisme déplacé, avec beaucoup de tact et de naturel. Nous parlerons plus tard de la ravissante Marianne, la cadette, qui fut danseuse à l'Opéra et eut l'honneur d'être chantée par le

Roi ; ne nous occupons présentement que de Babet, l'étoile de la Comédie française.

C'est une actrice de la race de Mademoiselle Clairon. Elle ne joue pas d'inspiration. Elle fouille ses rôles, et les compose en s'aidant de sa propre expérience et de ses lectures étendues. Jalouse d'obtenir les suffrages du public, elle s'efforce de le satisfaire, mais dédaigne les effets faciles et ne sacrifie jamais au mauvais goût de la foule. Elle désire avant tout l'approbation des connaisseurs (23).

La souplesse de son talent lui permettait de tenir l'emploi des reines tragiques et des soubrettes (24); mais, à en croire les contemporains, c'est surtout dans ces derniers rôles qu'elle excellait (25). On se la représente en effet plus aisément sous le costume de Dorine et de Lisette que drapée dans la pourpre et dans les voiles de Clytemnestre ou de Phèdre. Pesne l'a peinte dans plusieurs de ses tableaux (26) : le visage chiffonné est éclairé d'un œil malicieux, et le nez légèrement retroussé achève de donner à la physionomie quelque chose de spirituel et de gai.

A son talent de comédienne, Mademoiselle Cochois joignait tant d'esprit et un tel désir de s'instruire, que d'Argens, dont elle avait conquis la considération par son intelligence et par sa vertu, résolut de lui enseigner ce qu'il savait et de l'initier à toutes les branches des connaissances humaines. Le Marquis était peintre et musicien ; Babet fit des tableaux et toucha du clavecin. Elle apprit l'allemand, l'italien, se sentit prise de l'amour du grec (27), traduisit du Properce (28) et imita en vers français l'ode d'Horace à Lydie (29). Elle ne s'arrêta qu'à l'hébreu dont l'alphabet lui fit peur (30).

D'Argens s'occupait de philosophie ; il fallut que son élève l'étudiât. Ce ne fut pas sans quelque résistance. Après s'être familiarisée avec Descartes en lisant les *Entretiens sur la Pluralité des Mondes*, notre soubrette voulut en rester aux tourbillons et manifesta sa crainte d'aborder une science aussi grave et aussi abstraite. Son maître la rassura :

« Vous voilà Cartésienne, lui écrivit-il, mais vous ne vous souciez point d'approfondir les sisthêmes opposés à celuy de Descartes. Vous vous figurez que n'ayant point été expliqués par les Fontenelles, ils doivent être ennuyeux. Vous appréhendez ce langage barbare, ces idées abstraites, ces méditations obscures dont on vous fait peur. Malgré la confiance que vous me témoignez, vous tremblez que je ne vous conduise par des routes pénibles. En vain veux-je vous persuader que la véritable Philosophie consiste à connaître l'Histoire de l'Esprit humain et qu'on ne peut savoir cette Histoire qu'en examinant attentivement tous les différents sisthêmes; vous vous obstinez à vouloir être purement Cartésienne. Je suis persuadé qu'il entre plus de crainte dans votre résolution que d'amitié pour Descartes. Croyez-moy, revenez de votre erreur. Je ne veux point par une étude obscure ni rebutante gâter et altérer la beauté de votre Génie. Je veux au contraire orner votre Esprit de mille connaissances aussi agréables qu'utiles. Vous avez de l'imagination, de la pénétration ; vous avez même de la constance, chose si nécessaire à ceux qui veulent s'instruire et si rare chez les Dames. Pourquoy ne ferez-vous point valoir des talents aussi précieux ? On vous a persuadé que le tems que vous employez à des études qu'on vous dit être ennuyeuses est un tems perdu et moy je vous assûre que la Philosophie que je veux vous apprendre, sert d'amusement à votre âge, tient lieu d'Ami, de Compagnon dans un âge plus mûr et de Consolateur dans la vieillesse....

« Ce qui vous inspire de l'éloignement pour une Science aussi utile, c'est le caractère de certaines personnes auxquelles vous avez entendu donner le titre de Philosophe. Vous êtes étonnée que je vous propose d'avoir de pareils Confrères. Peut-être avez-vous pensé que vous seriez obligée de prendre un génie dur, accariâtre ; qu'il faudroit que vous eussiez un air austère, un peu mal propre même. Bannissez cette crainte. Je vous promets des Compagnons tels que les Descartes et les Fontenelles. Nous ne parcourrons jamais de ces Livres faits par des Pédants renommés, qui sont plus propres à dégoûter des Sciences qu'à instruire. Nous lirons Locke dont vous avez déjà vû quelque chose ; je vous expliquerai les opinions de Gassendi. Vous étudierez Newton dans les écrits de quelques-uns de ses Disciples qui ont travaillé à mettre ses opinions et ses découvertes à la portée des Dames, et vous verrez que la Philosophie Cartésienne n'est pas la seule qui ait des charmes (31). »

Et Babet convertie s'empressa de répondre :

« .... Je regardois la Philosophie comme l'écueil des plaisirs les plus innocents; pouvez-vous trouver mauvais qu'à mon âge (c'est-à-dire à cet âge où tout ce qui paroît sérieux épouvante) j'aie appréhendé de m'appliquer à un genre d'étude qu'on m'avoit présenté sous la forme la plus lugubre ? Vous m'avez désabusée; vous m'avez montré que la Philosophie est aimable, qu'elle est gaie et souvent aussi enjouée que les vives saillies d'un Petit Maître. C'en est fait ; vous m'avez séduite... (32). »

Sur ce, le professeur et l'écolière s'enfoncent dans les sentiers obscurs de la métaphysique. Ils échangent des lettres où ils posent les problèmes les plus ardus et où ils les résolvent sans sourciller. A leurs entretiens philosophiques se mêlent des discussions littéraires (33) et historiques (34), des questions de psychologie amoureuse, comme on les aimait à l'hôtel de Rambouillet (35).

Enfin, comme d'Argens faisait des livres, Mademoiselle Cochois crut de son devoir de collaborer avec lui et de tâter du métier d'auteur. Elle travailla aux *Nouveaux Mémoires pour servir à l'Histoire de l'Esprit et du cœur* (36); elle composa seule une nouvelle intitulée: *Le Comte de Ronancourt*, des *Pensées diverses sur l'Existence de Dieu* (37) et une piquante dissertation sur « l'Art d'embellir le visage » (38).

L'extraordinaire facilité de la jeune fille, ses rapides progrès et surtout les grâces de son esprit ne tardèrent pas à tourner la tête à d'Argens, qui déjà, en donnant ses leçons, n'avait pu s'empêcher de conter des douceurs à son élève. Il avait quarante-cinq ans, l'âge où tous les vieux garçons, las de chercher

Bon souper, bon gîte et le reste,

rêvent un intérieur gouverné par une ménagère habile, doublée d'une femme gracieuse, spirituelle, indulgente à leurs faiblesses et à leurs manies. Mademoiselle Cochois réunissait ces qualités ; aussi à la fin de janvier 1749, après un voyage en France, l'auteur des *Lettres juives* offrait-il son cœur et sa main à la charmante Babet. A l'occasion de ce mariage disproportionné, les mauvaises langues de Berlin ne manquèrent pas de se délier, mais Frédéric,

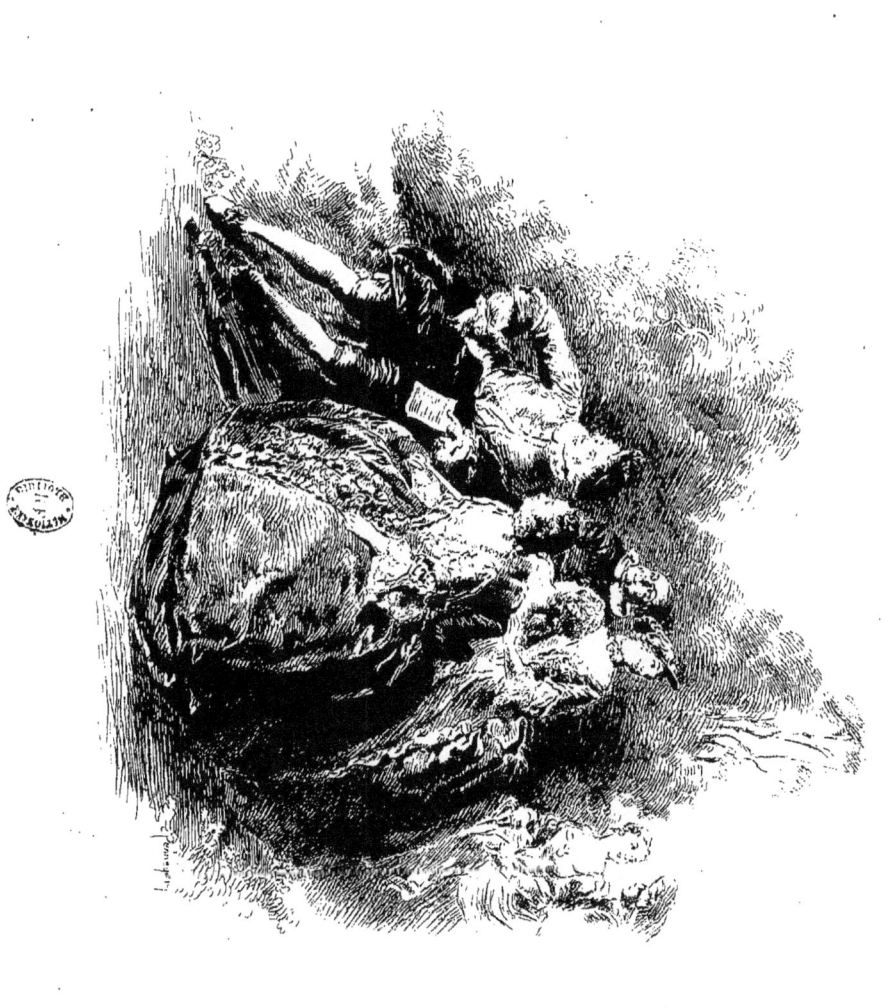

ce Roi philosophe, qui mettait les talents et la vertu au-dessus de la naissance et de la fortune, consentit à cette union (39).

Devenue marquise, Mademoiselle Cochois quitta le théâtre. De ses costumes de tragédie elle fit des robes de chambre à son mari. Elle le rendit parfaitement heureux. En elle d'Argens avait trouvé « un ami sensé, un homme instruit, un artiste éclairé et une femme complaisante » (40).

Le frère de Mademoiselle Cochois était le premier comique de la Comédie berlinoise. D'Argens, qui vante ses talents, ne craint pas de l'égaler aux meilleurs acteurs de Paris (41). Il était, paraît-il, incomparable dans les arlequins de Le Sage et de Marivaux. Il excellait à rendre ce caractère si complexe, fait de ruse et de naïveté, de souplesse et de gaucherie, d'élégance et de rusticité. Cochois ne resta pas longtemps en Prusse. Séduit par un brillant engagement, il passa en Russie, où, malgré d'éclatants succès, il mourut de mélancolie « dans un âge peu avancé et sans héritier » (42).

Au commencement de l'année 1745, la seconde campagne de Silésie interrompit les représentations de la Comédie française. Plusieurs de ses artistes quittèrent alors le service de la Cour.

Le traité de Dresde signé, Frédéric eut de nouveau le loisir de vaquer à son divertissement favori. Les spectacles de 1746 ne furent pas brillants ; la troupe était trop incomplète (43). Il fallait la renforcer. Le Roi pria d'Argens, que des affaires de famille appelaient en Provence, de profiter de son voyage pour recruter quelques acteurs.

Après être allé en Flandre remettre à Maurice de Saxe une lettre, où Frédéric félicitait « l'Achille français » de ses brillantes victoires, l'auteur des *Lettres juives* se rend à Paris. Il y arrive dans les premiers jours d'août 1747. Pendant trois semaines, il fréquente assidûment la Maison de Molière dont les gentilshommes de la chambre lui ont gracieusement ouvert les portes. Il se montre mal satisfait du talent des sociétaires (44) et se fait fort de trouver en province d'aussi bons comédiens. A la fin du mois, d'Argens se dirige vers Aix, sa patrie. Chemin faisant, il voit « presque toutes les troupes de France », mais ne trouve aucun acteur à engager. A Dijon, « tous les sujets sont au-dessous du médiocre » ; à Lyon, « il y a un comique bon, mais qui demande des appointements extraordinaires, une amoureuse...... entretenue par un amant, ainsi difficile à avoir et qui ne vaut pas le quart de la pension » qu'elle réclame. Enfin le théâtre d'Aix est « exécrable » ; on y chercherait en vain « une seule personne capable de bien jouer les seconds rôles dans une bonne comédie (45). » Désespéré de sa mauvaise chance, le marquis poursuit sa route jusqu'à Marseille. Il est plus heureux dans cette ville :

« .... J'y ai trouvé, mande-t-il à Frédéric, les trois plus excellents sujets du royaume ; je n'excepte pas même ceux de Paris, au-dessus desquels je les mets, si l'on excepte la Dumesnil. Deux de ces sujets sont le Sieur Rousselois et sa femme... Le mari joue supérieurement dans le tragique et dans le comique ; il a la noblesse et le bon sens de Baron, le feu de Dufresne et la voix de Quinault, l'aîné. Cet homme serait depuis longtemps à Paris, où il a débuté avec un succès extraordinaire, si un gentilhomme de la chambre, qui croyait avoir quelque raison personnelle de se plaindre de lui, ne s'était déclaré ouvertement son ennemi... Quant à sa femme, c'est une jeune beauté de vingt ans, le visage ovale, les yeux vifs et tendres, le nez effilé, la bouche petite et remplie de grâce... Elle joue avec beaucoup de délicatesse et de bon sens. C'est dans le tragique le son de voix touchant de Seine et dans les grandes amoureuses la noblesse de Lecouvreur. Elle a la poitrine un peu faible ; mais, comme elle joue la comédie ici six fois par semaine, elle ne se ressentira plus de cette incommodité à Berlin, où elle pourra se reposer trois ou quatre jours de la semaine. Le troisième sujet est une grande fille de dix-sept ans, appelée Drouin, sœur d'un comédien qui joue les premiers rôles à Paris. Elle est faite au tour, elle a les yeux remplis de feux, la bouche gracieuse, le tour du visage bien fait ; elle a au théâtre beaucoup d'intelligence, joue les amoureuses avec esprit et les soubrettes en cas de besoin ; elle déclame aussi fort bien le tragique... (46). »

Il y a de l'exagération dans ces éloges (47), mais d'Argens écrivait de Marseille où l'on est prompt à s'enthousiasmer. Cependant les Rousselois et Mademoiselle Drouin, sans être des Quinault et des Lecouvreur, avaient un réel talent, et l'auteur des *Lettres juives* eut raison de conseiller à Frédéric de les engager. En outre, leurs prétentions étaient modestes : les Rousselois demandaient mille écus d'Allemagne ; Mademoiselle Drouin se contentait de six cents thalers. On aurait difficilement trouvé mieux à un prix aussi modique. Les trois artistes ne seraient libres qu'à Pâques, mais la troupe royale passerait l'hiver comme elle le pourrait ; d'ailleurs le Marquis se chargeait de donner une bonne comédie par semaine jusqu'à l'arrivée des nouvelles recrues (48).

Les Rousselois entrèrent au service de Frédéric et furent pendant plusieurs années les acteurs favoris de la Cour. A en croire un contemporain, « ils firent naître chez les Berlinois le goût de la tragédie française » (49). Mademoiselle Drouin semble bien avoir suivi ses camarades ; nous n'oserions pourtant l'affirmer : nous n'avons trouvé aucune trace de son passage en Prusse (50).

Les comédiens arrêtés à Marseille ne suffisaient pas pour compléter la troupe du Souverain ; aussi d'Argens repassa-t-il par Paris. Il y engagea de nouveaux sujets que lui présenta le sieur Petit, agent du Roi de Prusse en France (51) : une actrice pour remplir les rôles de *Reines*, deux jeunes gens pour jouer les *confidents*, deux jeunes filles pour tenir l'emploi des *suivantes* dans la tragédie (52).

Ainsi renforcée, la troupe royale devint une troupe de premier ordre, capable de satisfaire les exigences d'un connaisseur tel que Frédéric.

Malheureusement, à partir de l'année 1748, nous n'avons que peu de renseignements sur la Comédie française de Berlin.

En 1749, on a besoin d'une soubrette. Le Roi charge le sieur Petit de lui en procurer une. L'agent met la main sur une actrice « jolie et spirituelle », mais qui ne consent pas à s'expatrier à moins de huit cents écus. Et Frédéric de refuser : « Quant à la soubrette de Paris, écrit-il à Darget, si elle ne veut pas de mon argent, je me moque de son minois. » Nous ignorons si Marton se laissa fléchir (53).

Chose curieuse, l'arrivée de Voltaire à Berlin, en juillet 1750, ne semble pas avoir donné un nouvel éclat aux représentations des acteurs français. Pendant le séjour du poète, c'est surtout la comédie de société qui est en honneur à la Cour. L'auteur de *Zaïre* fait bâtir « un petit théâtre assez joli dans l'antichambre de la Princesse Amélie (54) », et sous sa direction vigilante, les membres de la famille royale et quelques courtisans privilégiés « histrionnent » à qui mieux mieux. Les meilleurs artistes de cette troupe sont le Prince Auguste-Guillaume (55), le Prince Henry et le Prince Ferdinand, la Princesse Amélie et Lady Tyrconnel, la femme de ce « digne Anglais », dont l'épicurisme brutal amusait tant Frédéric. Voltaire joue son rôle dans ces spectacles et préside aux répétitions avec autant d'énergie qu'il en montrait rue Traversière en faisant étudier son *Mahomet*. Il oublie le rang de ses interprètes et n'a pas plus d'égards pour eux qu'il n'en avait pour Heurtaux et pour Mademoiselle Bâton :

« Monsieur le Marquis de Valory, lisons-nous dans le *Journal* de Collé, nous dit encore qu'on lui avait écrit de Prusse que *Rome Sauvée ou Catalina* de Voltaire y avoit assez bien réussi ; que ce dernier avoit fait beaucoup d'extravagances aux répétitions de sa pièce, surtout à une où la Reine et les Princesses étoient présentes. Pour lui composer un sénat, on lui avoit habillé plusieurs tailleurs et ouvriers de l'Opéra ; un de ces drôles-là, qui le voyoit se démener comme un possédé ne pouvant s'empêcher de rire, Voltaire lui dit en colère : Mais foutre, vous n'êtes pas ici pour rire ! — Prenez donc garde, lui dit quelqu'un, vous êtes là devant la Reine ! — Cela est vrai, répondit-il, je n'y ai pas pris garde, mais tout est de carême-prenant (56). »

A *Rome Sauvée* (57) succèdent *La mort de César* (58), *Sémiramis*, *Oreste* (59), *Nanine* (60), *Marianne* (61), *Le Duc d'Alençon* (62) et *Zaïre*. Cette dernière pièce obtint un succès éclatant :

« Monseigneur le Prince Henry se surpassa, écrivit Voltaire à la Margrave de Bareith, Monseigneur le Prince royal prononça très distinctement, Monseigneur le Prince Ferdinand adoucit sa voix, Madame la Princesse Amélie eut de la tendresse et la Reine fut enchantée (63). »

« Le bonhomme Lusignan » était joué par l'auteur « tout malade et tout languissant », c'est dire que le personnage était « représenté d'après nature » (64).

L'on sort rarement de la tragédie voltairienne. Cependant l'on s'attaque à *Andromaque*. Le poète pardonne cette infidélité en faveur de Racine, son idole. La Princesse Amélie, mande-t-il à sa nièce, est excellente dans Hermione. « Madame Tyrconnell s'est très honnêtement tirée d'Andromaque. Il n'y a guère d'actrice qui ait de plus beaux yeux (65). » Mais c'est tout autre chose quand on abandonne Voltaire pour Gresset :

« Monseigneur le Prince Henry, écrit l'auteur d'*Alzire* à sœur Guillemette, joua hier *Sidney* pour la clôture du Carnaval. Il me semble que c'est mettre un habit de deuil un jour de gala. Voilà un étrange sujet de comédie pour un Prince de dix-neuf ans. J'aimerais autant voir un enterrement que cette pièce. Mais Monseigneur le Prince Henry met tant de grâce dans tout ce qu'il récite qu'il m'a sauvé entièrement le dégoût et la tristesse de cet ouvrage (66). »

Revenons aux acteurs de profession.

En 1751, à en juger par des comptes conservés aux Archives d'Etat, le personnel de la Comédie française s'est presque entièrement renouvelé. Rosembert est le seul artiste de la troupe formée par d'Argens qui soit nommé dans ces comptes. A côté de son nom, nous lisons ceux des Sieurs La Motte, Marville, Duportail, d'Hervieux, Neveu, des Demoiselles Simiane et Rosalie Giraud (67). La première de ces actrices avait succédé à Babet Cochois dans l'emploi des soubrettes ; la seconde était à la fois danseuse et comédienne (68).

Deux lettres de de Sweerts, qui depuis le mariage de d'Argens dirigeait le tripot comique, nous apprennent qu'en 1754 la troupe était en désarroi.

Le 3o avril, le Baron écrit à Frédéric :

« SIRE, J'ai reçu les ordres de Votre Majesté de congédier d'abord les deux comédiens nouvellement venus et d'en engager d'autres à leur place. Il est difficile d'en trouver des meilleurs avant Pâcques prochains qui est le terme ou cette espece de gens renouvelle les Engagemens et l'on ne pourroit continuer de donner la Comédie sans eux, à moins que Votre Majesté ne voulut renvoyer en même tems tout ce que nous avons de médiocre, garder les quatre bons sujets : les deux Soullé, Desormes et La Motte et donner commission à quelqu'un en france de former une troupe complette et bonne pour le service de Votre Majesté (69). »

Le Roi fit répondre « qu'on devoit congédier ceux des Comœdiens qui ne valoient rien, en engager d'autres habiles en France; qu'il n'importoit guère que la troupe fut tout à fait complète pendant l'été ou peu de personnes aimoient fréquenter la Comédie » (70).

Au mois de décembre, les acteurs étaient encore en nombre insuffisant. On ne pouvait rien monter sans employer des figurants du corps de ballet :

« SIRE, écrit de Sweerts, en attendant les deux acteurs qui ne peuvent venir qu'à Pacques, il m'a été impossible de trouver quelques bonnes pièces pour donner la Comédie françoise sans y employer les deux figurants le fèvre et Blache qui sont en état de prendre quelques rôles. Je suis convenu avec eux, sous l'approbation de Votre Majesté, de leur faire payer 33 R. 8 gr. par mois, qu'ils pourroient tirer sur les appointemens des premiers jusqu'à leur arrivée et je supplie très humblement Vostre Majesté de donner ses ordres en conséquence (71). »

Nous savons peu de choses des quatre « bons sujets », dont parle le baron de Sweerts. Madame La Motte excellait dans les *rôles de caractère*, Soulé dans les *jeunes premiers*, sa femme dans les *amoureuses* et Desormes dans les arlequins (72). Ce dernier avait appartenu à la troupe française que le Sieur Jean Monet avait conduite à Londres et qui avait quitté l'Angleterre sous une grêle de pommes cuites (73).

Des comptes de l'année 1755 nous font connaître quelques nouveaux noms d'artistes : ceux de Mademoiselle Minette Giraud, des Sieurs Belissen, Patras et Dancourt (74).

Dancourt, qui sans doute était parent de l'auteur du *Chevalier à la mode*, nous a donné dans un curieux pamphlet (75) quelques détails sur sa carrière. Il avait joué avec Lekain au petit théâtre de la rue Traversière, puis avait obtenu, sur une recommandation de Voltaire, un engagement du marquis de Montperni pour la Cour de Bareith. Son emploi était celui des *valets*. Il s'était essayé dans la tragédie sans y réussir. Sa taille « exiguë » manquait de « noblesse » ; aussi avait-il quitté « le diadème pour la calotte de Crispin » (76).

En 1756, la Comédie berlinoise cessa ses représentations. Le renversement des alliances européennes venait de faire éclater la guerre qui, pendant sept ans, ne devait pas laisser à Frédéric le moindre loisir. Les acteurs français quittèrent alors la Prusse. Les uns retournèrent dans leur patrie ; les autres se rendirent dans les Cours allemandes où la politique n'empêchait pas les princes de s'adonner à leurs plaisirs.

*
* *

Nous n'avons pas de renseignements précis sur le répertoire de la Comédie berlinoise entre les années 1740 et 1756 ; mais il se composait principalement, cela va sans dire, des chefs-d'œuvre de Molière, de Corneille et de Racine, de Racine surtout que le Roi adorait et savait par cœur. Regnard, Dancourt, Le Sage, Destouches, Gresset, La Chaussée, Boissy, Voltaire et Crébillon étaient aussi représentés souvent. Le nom de Marivaux paraissait moins sur l'affiche, Frédéric ne goûtant qu'à demi les délicats pastels de l'auteur des *Fausses Confidences* (77). Enfin la Cour de Prusse eut la primeur de quelques comédies. Trois d'entre elles nous sont connues. Deux sont du Roi lui-même, la troisième du marquis d'Argens.

Les comédies du Souverain ne sont pas celles d'un dramaturge expérimenté. C'est un travail d'amateur et rien de plus. Mais Frédéric n'a jamais prétendu faire œuvre de professionnel ; ses pièces ne furent composées que pour un public d'amis. On aurait donc mauvaise grâce à se montrer sévère, à reprocher au Prince d'ignorer l'art de bâtir et de meubler un scénario, d'y loger des êtres vivants, d'y enfermer des caractères et d'y mettre des passions aux prises.

Le *Singe de la mode* fut joué en 1742 à Charlottenburg, aux noces de Kayserling (78). Le héros de ce petit acte, le Marquis de La Faridondière, est un proche parent de Cathos et de Madelon, qui délaisse les romans et les madrigaux pour se barbouiller de science et de métaphysique. Il cultive le paradoxe ; il parle des atomes, de l'attraction, du vide et des précessions équinoxiales. Il apprend l'anglais pour mieux « newtoniser » et se modèle sur les beaux esprits du Château de Cirey. La caricature de ce savant mondain ne laisse pas d'être plaisante et dut singulièrement amuser l'entourage du Roi philosophe.

L'Ecole du monde (79), représentée en 1748 et reprise l'année suivante (80), avait la prétention d'être une fidèle peinture des mœurs prussiennes. Il n'en est rien. Frédéric n'a pas travaillé d'après nature et certes c'est dommage, car il savait observer et observer malicieusement. Sans doute, dans *L'Ecole du monde*, on s'entretient de l'Université de Halle ; au dénouement, il est question d'une certaine Madame Laroche, qui exerçait à Berlin le métier de prêteuse sur gage et d'entremetteuse. Mais malgré ces quelques touches de couleur locale, la pièce n'a rien qui sente le terroir. Les personnages sont directement empruntés à notre théâtre comique : une mère coquette, un jeune homme vicieux et débauché, un valet fripon, une soubrette forte-en-gueule, un raisonneur, un neveu de Bélise, qui pousse son admiration pour la science jusqu'à composer, avec l'aide de ses maîtres, de gros traités en latin et aspire à « faire de sa maison tout une Académie ».

L'œuvre de d'Argens, *Les Embarras de la Cour*, ne nous est

pas parvenue (81). Elle fut jouée en 1743 et n'obtint aucun succès ; Frédéric assure qu'elle fit bâiller l'auditoire (82). Le sujet en était cependant intéressant. Il avait été indiqué à l'auteur par la Duchesse de Würtemberg. Cette princesse, amusée de la perpétuelle comédie qui se jouait autour de son trône, engagea le Marquis à faire un tableau des petites cours allemandes, à en railler les intrigues, les ridicules et les vanités. D'Argens ne tira aucun comique de cette matière qui en contenait beaucoup. Les épigrammes ne furent pas marchandées au malheureux auteur (83).

CHAPITRE III

LA COMÉDIE FRANÇAISE A LA COUR DE FRÉDÉRIC II

1763-1778 (1)

DIRECTION DU BARON DE PÖLLNITZ. — L'*entrepreneur* FIERVILLE. — CRÉATION D'UN THÉATRE PUBLIC. — DIRECTION DU COMTE VON ZIEROTIN LILGENAU. — TOURNÉES D'AUFRESNE ET DE LEKAIN. — DIRECTION DU BARON VON ARNIM. — LE THÉATRE DU GENDARMENMARKT. — LE RENVOI DES COMÉDIENS (1778).

La Paix d'Hubertsburg ramena les plaisirs à la Cour de Prusse.

Dès le commencement de l'année 1763, le Roi reprit des comédiens à son service. Nous sommes mal renseignés à leur sujet. La direction de la nouvelle troupe est confiée au baron de Pöllnitz (2). Au mois d'août, les artistes ne sont encore qu'en petit nombre. A ce moment, la Margrave de Schwedt et sa fille la Princesse de Wurtemberg sont en visite à Potsdam ; Frédéric veut offrir un spectacle à ses hôtes. Cela ne sera pas brillant, à en croire d'Alembert, qui écrit à Mademoiselle de Lespinasse : « Nous aurons aujourd'hui la Comédie, qui ne sera pas trop bonne, car il n'y a ici qu'un commencement de troupe (3). »

Ce « commencement de troupe » ne tarda pas à se compléter. Pendant le Carnaval de 1764, nos comédiens donnent successivement *Le Médecin par occasion*, *L'Homme à bonnes fortunes*, *Mélanide* et *La Surprise de l'amour* (4).

Le 12 juillet 1765, ils jouent à Sans-Souci en présence de la Duchesse de Brunswick. En l'honneur de sa sœur, le Souverain a composé les vers suivants, qu'une actrice « déguisée en bergère » récite avant le lever du rideau :

> « Les nymphes, les sylvains de ces épais bocages
> Viennent vous offrir leurs hommages
> Rustiques, ingénus comme eux.
> Ah ! daignez recevoir de nous, grande Princesse,
> L'encens qu'on brûle à la déesse
> Protectrice de ces lieux.
> Vous remplirez surtout nos vœux,
> Si, par votre extrême indulgence,
> D'un moment de votre présence
> Vous daignez honorer nos danses et nos jeux.
> Sitôt que vous serez sous notre toit champêtre,
> Il va, transformé, vous paraître
> Comme celui de Philémon,
> Dont des dieux le souverain maître
> En temple changea la maison (5). »

Les représentations françaises ne semblent pas avoir été très suivies à cette époque. Les acteurs étaient médiocres et Frédéric préférait voir interpréter nos classiques par ses neveux et nièces qui « déclamaient fort bien la tragédie ». L'étoile de ces comédiens amateurs était Frédérique-Sophie-Wilhelmine, la future épouse du Prince d'Orange. Délicieusement jolie, cette Princesse faisait pleurer son oncle en soupirant les adieux de Bérénice et en récitant d'une voix mouillée de larmes le couplet d'Iphigénie :

« Mon père,
Cessez de vous troubler, vous n'êtes point trahi (6). »

Non contente de jouer avec talent les œuvres d'autrui, la jeune fille faisait représenter un petit acte de sa composition intitulé *Les Amans fidèles*. Et le Roi d'applaudir l'auteur en herbe, mais de lui faire observer, qu'étant données les mœurs du temps, elle eût mieux fait de choisir pour sujet les *Amans infidèles* (7).

En janvier 1767, Frédéric voulut renouveler le personnel de sa Comédie française qui laissait à désirer. Il se présentait alors une excellente occasion d'acquérir de bons acteurs pour la scène berlinoise. La troupe de Stuttgart, fort mal payée, quittait le service de Charles-Eugène. Le Roi pria le Comte de Schulenburg d'arrêter les meilleurs sujets du théâtre ducal et donna ordre à Pöllnitz de choisir parmi eux :

« J'ai fait écrire au Comte de Schulenburg, mande Frédéric au Baron, qu'il devait saisir l'occasion de nous procurer les meilleurs acteurs et actrices de la troupe du Duc, en leur représentant, qu'il valoit mieux moins de paye et la recevoir que d'avoir de beaux appointemens en idée. Vous pourrez vous entendre avec le Comte de Schulenburg, soit pour completter la troupe ou la renouveller entièrement. Je consens à garder les seuls que vous croyez capables.... Donnez-vous donc tous les soins possibles pour qu'enfin nous puissions avoir une bonne troupe (8). »

Sans doute la perspective de recevoir régulièrement de maigres honoraires ne tenta pas les comédiens wurtembergeois, car ils refusèrent les offres de Frédéric. Seul le Sieur Fierville, artiste de valeur, dont le Duc avait fait son lecteur, se rendit en Prusse avec sa femme (9).

Ces deux recrues, si bonnes qu'elles fussent, ne suffirent pas à améliorer la troupe royale. Les acteurs étaient passables, mais les actrices étaient mauvaises et trop peu nombreuses. Nous ne connaissons parmi eux que les Demoiselles Croisette et Lemoine,

les Sieurs Henrieux et Baptiste. Ce dernier avait été recommandé
à Pöllnitz par Monsieur de Thulemeyer, consul à La Haye (10).

Les prétentions de ces comédiens étaient en disproportion de
leurs talents. Ils se plaignaient sans cesse d'être insuffisamment
rétribués et faisaient mine de vouloir quitter Berlin. Baptiste se
disait sollicité d'aller en Suède, la Croisette et la Lemoine de se
rendre à Lyon (11). Au commencement de l'année 1768, le Roi,
importuné de leurs continuelles réclamations, congédia tout le
« tripot » à l'exception de Fierville et se décida à engager une
nouvelle troupe (12). Cette fois-ci, Frédéric s'y prit différemment.
Il confia la direction de sa Comédie française à un *entrepreneur*.
Ce dernier, moyennant une somme annuelle de dix mille thalers,
devait s'engager à former une troupe et à donner un nombre dé-
terminé de spectacles à la Cour. Il avait, en outre, l'autorisation et
le privilège d'ouvrir en ville un théâtre public et d'y « représenter
à son profit ». Ceci était nouveau. Depuis le règne de Frédéric I,
les comédiens du Roi n'avaient joué que devant les Princes du
sang, les courtisans et quelques privilégiés ; mais la colonie française de Berlin, s'accroissant de jour en jour, un théâtre public
devenait nécessaire.

Déjà quelques directeurs avaient tenté, sans succès, de répondre à ce besoin. A la fin de l'année 1763, un certain Andréas
Berger ouvrit une salle de spectacle non loin du château de Monbijou (13). Il y donna d'abord des pantomimes, puis y monta des
opéras comiques, qui, par leur nouveauté, attirèrent un assez
grand nombre de spectateurs. Berger ne fit cependant pas ses
affaires. A plusieurs reprises, il se vit forcé de louer son établissement. En 1768, il s'associa avec le Sieur Hamon dont la troupe
avait joué à Hambourg, mais ses dettes l'obligèrent bientôt à
abandonner la direction de son théâtre à son associé. Celui-ci reprit l'affaire avec son camarade Raynault. Leur entreprise semblait devoir prospérer, lorsque l'impresario allemand Döbbelin,
qui souffrait de leur concurrence, parvint à les faire expulser
(février 1769) (14). Nous connaissons de nom les artistes du

théâtre de Monbijou. C'étaient les Sieurs Raynault, Rosambeau, Dainville, Monais, Duquesnois et Saint-Amant ; les Demoiselles Gourville, Hamon, Dainville, Guimard, Raimond, Clairval (excellente dans l'opéra comique) et Lauberty, que Plümicke honore de l'épithète de « célèbre » (*die berühmte Lauberty*) (15).

Le Roi choisit Fierville comme *entrepreneur*. Ce titre lui fut conféré par lettres patentes le 25 septembre 1768. Sans tarder, Fierville se mit en devoir de recruter des comédiens. Il engagea deux pensionnaires de Hamon, les Sieurs Duquesnois et Saint-Amant, et fit venir de France ses autres sujets. Parmi eux se trouvaient Monsieur et Madame Bruneval, la famille Edou (16), les Demoiselles Gerardy, Auretty, Rufose et d'Ainsi ; les Sieurs Bourdet, Ingarde, Galliani, Fernet, Dupuis, Dancourt et Blainville (17). Dancourt, on s'en souvient, avait déjà fait partie de la troupe royale avant la guerre de Sept ans (18). Blainville avait appartenu à la Comédie française, où, de 1757 à 1765, il avait doublé Brizard avec un certain succès. Compromis dans l'affaire du *Siège de Calais* qui occasionna la retraite de Mademoiselle Clairon, Blainville fut congédié par les Gentilshommes de la Chambre (19).

Dès le commencement de l'année 1769, Fierville et sa troupe jouèrent à la Cour sous la direction du Baron de Pöllnitz. Les représentations avaient lieu soit au Palais de Berlin, soit au Nouveau Palais de Potsdam que l'on venait d'achever (20).

Pour ses spectacles publics, dont le premier fut donné le 24 mai, l'*entrepreneur* avait loué un théâtre situé dans la Behrenstrasse. Un directeur allemand, le Sieur Schuch, avait fait élever cette salle en 1764. Elle pouvait contenir neuf cents spectateurs (21).

Les affaires de Fierville ne furent pas heureuses. A de rares exceptions près, les acteurs qu'il avait engagés manquaient de talent (22). Les recettes s'en ressentirent et, plus d'une fois, les comédiens eurent de la difficulté à se faire payer leurs gages (23).

A l'automne de l'année 1771, le Roi renvoya la troupe de Fierville qui n'avait pas répondu à son attente.

Par lettres patentes datées du 21 octobre, Frédéric ordonna au

Comte von Zierotin Lilgenau, qui avait été nommé Directeur des Spectacles en remplacement du Baron de Pöllnitz (24), de former une nouvelle troupe (25).

Une somme annuelle de dix mille thalers était toujours allouée pour l'entretien des comédiens. Sa Majesté leur conservait l'autorisation de donner des représentations publiques, mais le Comte devait en approuver les programmes, contrôler les recettes, régler les dépenses et partager les bénéfices entre les acteurs.

Le Sieur Blainville, que le Roi avait gardé à son service, fut chargé par Zierotin de recruter des sujets (26). Au mois de mai 1771, la troupe était au complet, prête à jouer à la ville (27) et à la Cour (28). Le Directeur des Spectacles remit alors par contrat à Blainville et à six autres de ses camarades l'entreprise de la Comédie « à leur risque, péril et fortune ».

Le désaccord survint bientôt entre Zierotin et les *entrepreneurs*. Ces derniers l'accusèrent de « s'emparer » des recettes sans en rendre un compte exact et de ne pas faire connaître les dépenses dont « il surchargeait l'entreprise ». Les comédiens ne voyaient jamais la couleur de leur argent et manquaient du « nécessaire physique ». Pour couper court à ces accusations, Zierotin fit vérifier les livres par un calculateur de la Chambre des Comptes. Celui-ci « balança les recettes et les dépenses » ; mais cinq des *entrepreneurs*, que cette vérification n'avait pas satisfaits, préférèrent se retirer de l'association. Ils restèrent dans la troupe en qualité de pensionnaires, aux appointements de 1.500 écus.

A partir du mois de novembre 1772, Blainville et sa camarade Mademoiselle Sainte-Treuze dirigèrent l'entreprise à eux deux. A les en croire, le Comte von Zierotin ne les traita pas mieux que leurs prédécesseurs. A plusieurs reprises, les nouveaux *entrepreneurs* se plaignirent au Roi. Frédéric, qui connaissait par expérience « l'humeur tracassière et l'avidité de la gent tripoteuse » (29), n'écouta pas d'abord leurs réclamations ; mais, comme elles devenaient incessantes, il pria son Ministre d'Etat, Monsieur de Hertzberg, d'examiner si ces plaintes étaient fondées. Le Ministre invita le Comte von Zierotin et les deux artistes à venir s'expliquer chez lui. Blainville et son associée demandèrent que les comptes de la Comédie leur fussent communiqués et qu'on les fît vérifier ; que le Directeur des Spectacles leur rendît « l'administration pour la partie de l'intérêt » et qu'il se contentât d'en avoir le contrôle comme le Roi le lui avait prescrit. A cela, le Comte von Zierotin répondit que, chargé par Sa Majesté de former une troupe, il avait pris « à cet effet toute sorte d'engagement en son nom propre ». Il ne pouvait donc laisser à Blainville et à Mademoiselle Sainte-Treuze « l'administration pour la partie de l'intérêt », à moins qu'ils ne lui donnassent une caution pour faire face à sa signature. Les deux *entrepreneurs* se « rendirent à cette raison ». Les comptes de la Comédie furent revus par ordre de Frédéric et Blainville et sa camarade promirent de fournir la caution exigée par le Directeur des Spectacles (février 1773) (30).

Nous ne savons pas au juste s'ils tinrent leur promesse. Cela paraît peu probable, car, quelques mois plus tard, la Comédie était dirigée par le sieur La Chavane.

Ce dernier, auquel les fonds manquaient, monta l'entreprise par actions et obtint ainsi un capital de 6.000 thalers. Espérant augmenter ses recettes, il essaya de donner quelques représentations d'opéras comiques, mais dut bientôt y renoncer et congédier ses chanteurs : il ne rentrait pas dans ses frais. Le public et surtout les actionnaires se plaignirent de la suppression des opéras comiques et accusèrent l'*entrepreneur* de mauvaise volonté. Pour se disculper, il publia dans plusieurs journaux de Berlin un tableau de ses recettes et de ses dépenses. Les spectateurs mécontents pourraient juger : il avait perdu plus de dix mille thalers (31).

En plus des acteurs payés avec la subvention royale, La Chavane avait engagé, pour le théâtre de la ville, une douzaine d'artistes, dont les meilleurs étaient : Monsieur et Madame Bertrand, les Sieurs Blainville, Monrose et Dorival, les Demoiselles Garnier, Sainte-Treuze et Sainville. La mise en scène était confiée au Sieur Croisilles de Saint-Huberty, qui excellait dans les rôles de *valets* (32). C'était un homme de sac et de corde, un chevalier d'industrie. Non content de voler les comédiens, qu'il recrutait en sa qualité de régisseur (33), il *procurait* ses jeunes camarades et se faisait ainsi d'excellents revenus (34). Ses paroles dorées et ses airs de grand seigneur tournèrent la tête à plus d'une femme. L'une d'elles, qui devint plus tard la première tragédienne lyrique de France, eut la faiblesse de l'épouser et ne tarda pas à s'en repentir. Il n'est pas de mauvais traitements qu'elle n'eût à souffrir de son mari (35).

En 1774, La Chavane avait fait faillite et la troupe était en désarroi. Les bons comédiens s'en allaient. Il fallait sans cesse en faire venir de nouveaux et la plus grande partie des dix mille thalers payés par le Roi se dépensait en frais de voyage (36).

Le Sieur Neuville dirigeait l'entreprise en 1775. Il ne semble pas avoir mieux réussi que ses prédécesseurs (37).

Malgré ces querelles et ces affaires d'argent qui désorganisaient sans cesse la Comédie berlinoise, ces dernières années comptent parmi les plus brillantes de son histoire. C'est, en effet, pendant les étés de 1774 et de 1775 qu'Aufresne et Lekain vinrent se faire applaudir à la Cour de Prusse.

Après avoir joué longtemps en province et à l'étranger (38), Aufresne, dont Voltaire avait vanté les mérites au maréchal de Richelieu (39), reçut un ordre de début à la Comédie française. Le 30 mai 1765, il se fit entendre dans le rôle d'Auguste et s'essaya ensuite dans ceux de Zopire, de Poliphonte et dans quelques personnages de comédie. Il obtint les suffrages du parterre et des loges. Les vieux amateurs le comparèrent à Baron et le critique du *Mercure* le combla de louanges (40). Ce triomphe ne manqua pas d'éveiller des jalousies au tripot. Brizard et quelques-uns de ses camarades craignirent que le talent d'Aufresne, fait de naturel et de simplicité, ne nuisît à leur diction emphatique et à leurs gestes empanachés. On ne put se dispenser de le recevoir aux appointements, mais au bout de quelques mois, on évinça l'excellent artiste qu'on aurait dû nommer sociétaire à l'expiration de ses débuts.

Regretté du public, Aufresne retourna en province, se rendit à Ferney où l'admiration et l'amitié du Patriarche le consolèrent de ses déboires, appartint quelques années au théâtre de Lyon et finalement partit pour la Cour de Russie dont l'auteur de *Zaïre* lui avait ouvert les portes (41).

Avant d'entrer au service de Catherine II, Aufresne sollicita la faveur de jouer devant Frédéric. Son succès fut éclatant. Le 5 juillet 1774, il remplit à Potsdam le rôle de Mithridate ; le 9, on l'applaudit dans le Sire de Coucy d'*Adélaïde Duguesclin*. Le Roi et la Duchesse de Brunswick assistaient à ces représentations (42). A la ville, Aufresne joua le rôle d'Auguste dans *Cinna* et *Le Bourru bienfaisant* de Goldoni. On discuta sa façon de dire le vers fameux

« Soyons ami, Cinna, c'est moi qui t'en convie , »

mais le monologue du IVe acte :

« Ciel, à qui voulez-vous désormais que je fie
« Les secrets de mon âme et le soin de ma vie ! »

excita des transports d'enthousiasme (43).

Le naturel et la simplicité d'Aufresne séduisirent Frédéric à tel point qu'il les préféra au jeu coloré de Lekain.

Ce ne fut pas sans difficulté que ce dernier put quitter Paris pour se rendre en Allemagne. Les Gentilshommes de la Chambre, sentant l'inconvénient de laisser aux sociétaires la liberté de courir de ville en ville, venaient de supprimer par un règlement nouveau les congés sollicités dans cette intention. Force fut à Frédéric de faire demander par son ambassadeur qu'on permît à Lekain de partir pour Berlin.

Il y fut reçu de la façon la plus flatteuse (44). On l'entendit à la Cour dans les rôles d'Œdipe, d'Orosmane et de Mahomet (45). Il y avait à ces représentations une grande affluence de spectateurs : la Princesse Amélie, la Princesse Ferdinand, la Landgrave de Hesse et la Marquise de Wurtemberg venue tout exprès de Montbéliard (46).

Frédéric apprécia le talent de son hôte : « Ce comédien, écrivit-il à Voltaire, est très habile, il a un bel organe, il se présente avec dignité, il a le geste noble et il est impossible d'avoir plus d'attention pour la pantomime qu'il en a. » Mais à ces éloges se mêlait une critique : Lekain ne chaussait-il pas le cothurne un peu trop haut ? « ... Je le voudrais moins outré et alors je le croirais parfait... Je ne consulte que la nature et non ce qui peut être en usage en France (47). »

A la ville, le tragédien se fit applaudir dans *Œdipe*, dans *L'Orphelin de la Chine* et dans *Le Comte d'Essex*, sans toutefois parvenir à faire oublier Aufresne, dont le public berlinois avait gardé un ineffaçable souvenir (48).

Ce voyage valut à Lekain plus de dix mille écus. Le Prince Henry l'accueillit à Rheinsberg et le Prince royal lui fit un riche présent (49).

Au Comte von Zierotin, mort à la fin de l'année 1775, succéda le Baron von Arnim, ancien ministre de Prusse à Copenhague et à Dresde (50).

Dans une lettre datée du 12 avril 1776, le Roi donna au nouveau Directeur des Spectacles ses instructions pour la direction de la Comédie française. Le Baron congédierait tous les mauvais acteurs qui se trouvaient dans la troupe actuelle et les remplacerait par des sujets de talent. Il ne fallait signer que des engagements d'au moins quatre, cinq ou six ans, afin d'éviter les frais de voyage. Les comédiens devaient s'acquitter ponctuellement de leurs devoirs, ne pas être impertinents, avoir une tenue décente et ne pas contracter de dettes. Pour les actrices, on aurait soin de ne pas choisir des femmes légères, car leur mauvaise conduite mettrait du désordre dans la troupe. Au reste, il n'y avait pas à faire de cérémonies avec ces gens-là ; à la moindre faute on les puni-

La Comédie Française sur le Gendarmenmarkt

rait sévèrement et on les renverrait au besoin. Une douzaine de sujets suffisait si l'on se bornait à représenter des tragédies et des comédies ; il en fallait au moins vingt si l'on voulait jouer des opéras comiques. On s'efforcerait enfin d'attirer Aufresne à Berlin, et, si possible, on lui confierait l'entreprise (51).

L'excellent artiste ne put accepter cette offre, ayant déjà promis ses services à Catherine II.

Le 22 avril, les acteurs français, qui, sous le consulat du Comte von Zierotin, avaient joué à la ville tantôt au théâtre de la Behrenstrasse, tantôt à celui de Monbijou (52), inaugurèrent par une représentation de gala, composée de *Polyeucte* et de *La Servante Maîtresse*, le nouveau théâtre public que le Roi avait fait bâtir à leur usage. Cet édifice, que l'architecte Boumann avait construit en moins de deux ans (53), s'élevait sur le Gendarmenmarkt, entre les deux églises. Il avait, vu de l'extérieur, l'aspect d'un temple antique. Quatre colonnes d'ordre ionique en soutenaient le fronton où se lisait l'inscription suivante :

RIDENTUR ET CORRIGUNTUR MORES.

La salle, qui pouvait contenir douze cents spectateurs, avait quatre rangs de loges et un parterre de trois cents places. Les décorations du plafond et des galeries étaient dues au peintre Verona (54).

La troupe comprenait alors un vingtaine de sujets, dont plusieurs chantaient l'opéra comique. Parmi les meilleurs artistes se trouvaient M., Mme et Mlle Grenier, les Sieurs Damon, Dupuis, Monrose *père*, Marion Duvernier, les D^{lles} Simony et Sainte-Treuze (55).

A la ville, les représentations avaient lieu trois fois par semaine, le mardi, le jeudi et le samedi (56).

Pendant l'été de 1776, les spectacles de la Cour furent particulièrement brillants. Le Grand-Duc Paul de Russie se trouvait à Potsdam. Son Altesse Impériale aimant la comédie (57), Frédéric fit donner successivement en l'honneur de ce Prince *L'Avare*, *Le Misanthrope*, *Le Bourgeois gentilhomme*, *L'Etourdi*, *Tartuffe*, et *Le Malade imaginaire* ; *La Surprise de l'amour* et *Les Fausses Confidences* ; *Les Deux Amis* et *Le Barbier de Séville* ; *Le Bourru bienfaisant* ; *L'Obstacle imprévu* et *Le Dissipateur* de Destouches, *Le Consentement forcé* de Guyot de Merville, *Crispin médecin* d'Hauteroche, *Le Français à Londres* de Boissy et *Le Distrait* de Regnard (58).

Nous ignorons si les interprètes de ces pièces obtinrent les suffrages du Grand-Duc, mais en tout cas ils ne satisfirent pas le public berlinois. Le théâtre du Gendarmenmarkt fit de mauvaises affaires. Au mois d'octobre, les acteurs n'avaient pas de quoi payer les décors dont ils avaient besoin. Le Baron von Arnim demanda au Roi de venir en aide aux comédiens. On devine quelle fut la réponse de Frédéric : Sa Majesté était lasse de « toute cette clique », qui l'importunait sans cesse. Si le tripot ne gagnait rien, c'est qu'il ne valait pas le diable. Mieux vaudrait l'envoyer chercher fortune ailleurs (59).

A en juger par un *Theaterkalender*, la troupe s'était entièrement renouvelée en 1777. Voici les noms et les emplois des sujets qui la composaient à cette époque :

MM. Le Bauld-de-Nans, régisseur (rôles de *pères* dans la comédie) ; Saint-Amant (*seconds rôles*) ; Bailly (*rôles âgés* dans la comédie) ; Bertrand (*petits rôles* dans la comédie et l'opéra-comique) ; Cléricourt (*valets, paysans* et *pédants* dans la comédie) ; Courcelle (rôles de *pères* dans la comédie et l'opéra comique) ; Saint-Hilaire (*amoureux, valets* et *paysans* dans la comédie et l'opéra comique) ; Julien (*petits rôles*) ; Lauberty (*rôles âgés* dans l'opéra comique) ; Monrose *fils* (*jeunes premiers* dans la comédie et dans l'opéra comique) ; Oyez (*valets* dans l'opéra comique) ; Mme Bailly (*amoureuses* dans la comédie et dans l'opéra comique) ; Mlle Bailly (*ingénues*) ; Mme Bertrand (*duègnes* dans la comédie) ; Mme Cléricourt (*amoureuses* dans la comédie) ; Mlle Fleury (*reines* dans la tragédie et *mères* dans la comédie) ; Mlle Henneguy (*coquettes* et *mères* dans la comédie et l'opéra comique) ; Mme Lauberty (*premiers rôles* dans l'opéra comique) ; Mlle Sauvage (*amoureuses* dans l'opéra comique).

Ajoutons à cette liste les noms des Sieurs Dorival et Tissot et de Mlle Perrin, dont les emplois ne nous sont pas connus (60).

Le Bauld-de-Nans avait fait partie du Théâtre électoral de Mannheim. Mlle Fleury, qu'on surnommait *La Belle et la Bête* (61), après avoir été la maîtresse de M. de Kaphensk, aide de camp du Prince Henry (62), épousa le Sieur Courcelle. Ce dernier appartint plus tard à la Comédie italienne de Paris (63).

Ces artistes ne devaient pas rester longtemps à Berlin. Au commencement de l'année de 1778, l'horizon politique s'obscurcissait. La guerre de Succession de Bavière allait forcer Frédéric à se remettre à la tête de ses armées. Jugeant alors qu'il pourrait employer son argent plus utilement qu'à pensionner des comédiens, le Roi se décidait à les renvoyer. Le 30 mars, le Directeur des Spectacles reçut le billet suivant :

« Les conjectures actuelles préparent à des scènes plus sérieuses. On peut très bien se passer des comiques et c'est pourquoy Je viens de retrancher à tous les acteurs et actrices de Mon théâtre françois leurs appointements et pensions. Les vôtres y sont compris également ; et après avoir congédié tous les comédiens françois, il dépendra de vous de donner tous vos soins à vos amours (64). »

La plupart des artistes avaient été engagés pour plusieurs années et on les renvoyait avant l'expiration de leurs engagements. L'ordre du Roi les laissait sans ressource loin de leur patrie. Ils supplièrent le Souverain de leur accorder une indemnité « comme cela se pratiquait dans toutes les Cours » ; ils exposèrent leurs droits dans un mémoire détaillé, mais Frédéric, absorbé par les préparatifs de la guerre, ne les écouta pas plus qu'il n'avait prêté l'oreille aux lamentations de De La Noue (65).

Ce n'est qu'au XIXe siècle que les Berlinois applaudirent de nouveau nos comédiens. De 1829 à 1848 des troupes françaises jouèrent régulièrement au Schauspielhaus ; mais à cette époque, nos classiques n'étaient plus guère en honneur sur les bords de la Sprée : on leur préférait Casimir Delavigne, Scribe, Melesville et Picard (66).

CHAPITRE IV

LE BALLET DE L'OPÉRA ROYAL

1742-1786 (1)

POITIERS ET LA ROLAND. — LA FAMILLE LANI. — SODI. — LA BARBERINA. — MARIANNE COCHOIS. — LES DENIS. — FIERVILLE *fils*. — DESPLACES.

Nous ne pouvons terminer cette étude sans dire quelques mots des ballerines et des danseurs français dont les théories chatoyantes se déroulèrent au rythme des violons de Graun.

Dès l'été de 1742, le Roi avait fait venir de Paris un maître de ballet et une première danseuse, le Sieur Poitiers et la Demoiselle Roland, qui avaient obtenu « un succès prodigieux » à la Comédie italienne (2). Poitiers et sa camarade, une Vénitienne aux yeux de jais, que Frédéric comparait à la Vénus de Médicis (3), se firent applaudir à plusieurs reprises sur le théâtre du Palais royal. M¹¹ᵉ Marianne Cochois, la sœur cadette de la future Marquise d'Argens, les secondait avec une aisance et une souplesse qui annonçaient déjà un talent supérieur. A l'ouverture de l'Opernhaus élevé par Knobelsdorff, les trois artistes dansèrent dans les intermèdes d'*Antoine et Cléopâtre* (4). Leurs *pas de deux* et leurs *pas de trois* obtinrent les suffrages de la Cour, mais on trouva que le cadre large et somptueux du nouveau théâtre exigeait des *ensembles*, des évolutions de masses, en un mot de véritables ballets. Pour les exécuter, il fallait, en plus des soli, plusieurs couples de coryphées et un « chœur de figurants ». Le Roi recula devant cette dépense et consentit seulement à engager quelques seconds danseurs. On pouvait se passer de figurants. On emploierait à leur place, si le besoin s'en faisait sentir, des jeunes gens et des jeunes filles de la ville. Cet arrangement économique indigna le Sieur Poitiers : des *amateurs* dans un ballet! Ce serait profaner l'art de Terpsichore. Jamais il n'y consentirait. Le malheureux chorégraphe eut beau jeter les hauts cris, force lui fut de céder ; mais, vexé de voir ses observations méprisées, il refusa de régler le moindre divertissement, malmena ses sujets et les empêcha même de s'acquitter de leurs devoirs (5). Une telle conduite méritait un châtiment exemplaire : Frédéric congédia le coupable et le « tympanisa » de la belle manière dans un article de gazette (6).

M¹¹ᵉ Roland partit avec Poitiers dont elle était la maîtresse. L'excellente ballerine fut vivement regrettée.

Au mois de septembre 1743, M. de Chambrier, « Ministre plénipotentiaire de Sa Majesté prussienne auprès de Sa Majesté chrétienne » fut chargé d'envoyer à Berlin un maître de ballet et deux danseuses. Il engagea le Sieur Barthélemy Lani et ses deux sœurs, « savoir, Lani en qualité de maître de ballet et de premier danseur aux appointemens de deux mille écus par chaque année..... Madeleine Lani pour danser seule à l'Opéra et Charlotte Lani pour danser dans les Prologues et dans les ballets aux appointemens de mille écus pour les deux par chaque année » (7).

Ces trois artistes débutèrent au mois de novembre. Lani plut à Frédéric, mais Madeleine parut trop jeune et trop inexpérimentée pour l'emploi de *prima ballerina* (8).

Ne pouvant trouver d'étoile en France, le Roi en fit chercher en Italie.

Il y avait alors à Venise une danseuse dont toute l'Europe vantait les talents. Le Comte Cataneo, diplomate au service de la Prusse, reçut l'ordre de l'engager. La belle et triomphante Barberina Campanini (c'était le nom de la sylphide) accepta les offres de Frédéric et promit de se rendre à Berlin pour le carnaval prochain. Cataneo avait à peine mandé à Potsdam l'heureux résultat de sa mission, que l'aimable bayadère tournait la tête à un Lord Stuart de Mackenzie et s'apprêtait à suivre en Angleterre le noble seigneur qui parlait de l'épouser. Le Comte intervint aussitôt, déclarant que la danseuse avait signé un engagement et ne pouvait s'y soustraire. Aux remontrances du négociateur, on répondit en pirouettant qu'on était mariée avec milord et que le contrat n'offrait rien de sérieux n'ayant pas été paraphé par le *caro sposo*.

On juge de la colère du Roi, en apprenant qu'une princesse de théâtre s'était moquée de lui. Furieux, il obtint des autorités de la République l'arrêt de la jeune femme et la fit transférer en Prusse dans un carrosse de voyage hermétiquement clos, flanqué de gardes qui avaient la consigne d'être doux avec la prisonnière, mais de ne pas la perdre de vue. En vain Stuart de Mackenzie tenta d'arrêter l'équipage et d'enlever son Hermione, la route était gardée par la police et l'amant infortuné fut mis sous les verrous (9).

La grâce, la beauté et le talent de la Barberina désarmèrent Frédéric. Il ne lui tint pas rancune, la couvrit d'or et s'inscrivit en tête de ses adorateurs. Pendant cinq ans, Berlin s'engoua de la maîtresse du Souverain. Les poètes la chantèrent (10), Pesne et Charles-Amédée Vanloo prêtèrent ses traits aux déesses de leurs panneaux et de leurs plafonds, et de frénétiques applaudissements saluèrent à l'Opéra les entrées de la favorite.

Une pareille étoile ne pouvait se passer de nombreux satellites, aussi Lani reçut-il sans peine l'autorisation d'engager les coryphées et les figurants que Sa Majesté avait refusés au Sieur Poitiers. C'est un corps de ballet complet qui exécuta les divertissements d'*Artaserse* (11), de *Catone in Utica* (12), de *Demofonte* (13) et d'*Arminio* (14).

De tous les ouvrages de Lani représentés à Berlin, celui qui obtint le succès le plus éclatant est sans contredit *Pygmalion et Psyché*. Cette pantomime accompagnait l'*Adriano in Siria* de Graun en 1745. L'auteur jouait lui-même le rôle de Pygmalion, la Barberina tenait celui de la Statue, Madeleine Lani celui de l'Amour, Marianne Cochois celui de Flore. Les Demoiselles Artus, Sauvage, Auguste, Tessier, d'Assenoncourt et Dubuisson, les Sieurs Giraud, Tessier, Cochois, Le Clerc, Neveu et Noverre — le futur auteur des *Lettres sur la danse*, qui n'avait alors que dix-huit ans — contribuaient à un ensemble excellent (15). A en juger par les comptes des costumiers, les interprètes de Lani étaient vêtus comme les personnages des pastorales de Lancret : des guirlandes de fleurs enrubannaient les paniers et les tonnelets, des esclavages de perles enlaçaient les corsages, des pierreries scintillaient dans les coiffures poudrées, un brouillard de gaze et de dentelle enveloppait les jupes de satin (16).

Lani dansa pour la dernière fois à Berlin dans l'*Arminio* de Hasse. Mécontent de ses honoraires, l'auteur de *Pygmalion* prit le parti de « déserter » avant l'expiration de son engagement et de s'enfuir en France. Plusieurs de ses camarades suivirent son exemple (17).

Pour les remplacer, le Roi fit engager par son agent Petit le Sieur Pierre Sodi. Cet artiste, romain d'origine, avait débuté à l'Opéra de Paris en 1744 « avec un applaudissement général ». Il s'était rendu ensuite à Londres, où il avait fait l'admiration du public de Covent-Garden. Sodi ne resta qu'un an au service de Frédéric. Son talent fut apprécié, mais l'excellent chorégraphe se déclara mal satisfait de ses appointements et sollicita l'autorisation de rentrer en France (18).

Durant son séjour à la Cour de Prusse, Sodi ne composa que les divertissements des *Feste galanti* (19) et de *Cinna* (20). Dans ces ouvrages, il dansait lui-même les *pas de deux* avec la Barberina. Les *pas seuls* étaient exécutés par Marianne Cochois. Les Sieurs Boucher, Le Febvre, Dubois aîné et cadet, les Demoiselles Domitilla et Cionnois, que Sodi avait amenés à Berlin, secondaient les deux danseuses et le maître de ballet.

Nous ignorons qui régla les *entrées* de *L'Europa galante* (21), représentée au château de Monbijou le 27 mars 1748 pour le jour de naissance de la Reine mère. Cette œuvre de Graun est un des derniers opéras où parut la Barberina. Le 5 juillet, elle quittait Berlin sur l'ordre du Souverain. Les amours de l'ex-favorite avec le fils du chancelier Cocceji étaient cause de ce châtiment. Un soir que la danseuse venait à son ordinaire d'émerveiller le parterre et les loges, le jeune homme s'était précipité sur la scène, et là, tombant aux genoux de l'adorée, lui avait adressé une déclaration d'autant plus faite pour toucher la ballerine qu'il offrait sa fortune et son nom. On juge du scandale. Le chancelier porta plainte au Roi. Au nom de la morale, Frédéric exila « la perfide et séduisante créature », sans songer que lui aussi n'avait pu jadis résister au charme de ses beaux yeux (22).

La place de premier sujet laissée vacante par le départ de la Barberina fut donnée à la jeune Cochois. Le public « toujours prompt à oublier les morts pour encenser les vivants » fêta la nouvelle étoile et alla même jusqu'à la préférer à l'ancienne. Marianne connut tous les honneurs dont sa devancière avait été l'objet : Pesne peignit ses grâces exquises et le Roi célébra ses talents dans l'*Epître* au Baron de Sweerts :

> « Cherchez, me dites-vous, un spectacle nouveau.
> Allez à ce palais enchanteur et magique,
> Où l'optique, la danse et l'art de la musique
> De cent plaisirs divers ne forment qu'un plaisir.
> Ce spectacle est de tous celui qu'il faut choisir.
> . . . .

C'est là que Marianne, égale à Terpsichore,
Entend tous ces bravos dont le public l'honore :
Ses pas étudiés, ses airs luxurieux,
Tout incite aux désirs vos sens voluptueux. »

Au mois d'avril 1749, trois nouveaux sujets : le Sieur Le Voir, M. et Mme Denis arrivèrent à Berlin.

Pour ses débuts, Le Voir reprit avec Marianne Cochois le *Pygmalion* de Lani, mais les deux artistes, malgré tout leur talent, ne parvinrent pas à faire oublier les créateurs de cette pantomime.

Mme Denis, d'origine vénitienne (elle s'appelait Cortini de son nom de jeune fille) et plus agréable que jolie à en juger par son portrait qui orne un des salons de Sans-Souci (23), obtint les suffrages de la Cour. Ses beaux yeux et le piquant de son visage enflammèrent Algarotti ; on ignore si le Comte fut un amant heureux.

Frédéric confia au mari de l'aimable danseuse le soin de composer les ballets de *Coriolan*. Le Roi lui-même avait tracé le canevas de cet opéra dont Villati écrivit les paroles et Graun la partition (24). On loua le goût et la variété des divertissements réglés par Denis. Ce succès lui valut la place de maître de ballet.

Denis et sa femme restèrent au service de Frédéric jusqu'en 1765. Pendant son séjour à la Cour de Prusse, l'excellent chorégraphe composa les ballets d'une vingtaine d'opéras dont les plus remarquables furent ceux de *Fetonte* (25), de *Mithridate* (26), d'*Armide* (27), de *Britannicus* (28), d'*Orfeo* (29), de *Cleofide* (30), de *Sémiramis* (31), de *Montezuma* (32) et de *Mérope* (33).

Dans ces ouvrages, les premiers rôles étaient tenus par l'auteur et le Sieur Le Voir, par Mme Denis et la célèbre Reggiani (34). Aux côtés de ces étoiles, on applaudissait les D^{lles} Simiane, Cionnois et Rosalie Giraud, les Sieurs Gobert, Neveu, d'Hervieu, Blache, Giraud, Desplaces et Dubois (35).

Après la guerre de Sept ans, le ballet tomba en décadence. La faute n'en était pas aux artistes, mais à la parcimonie de Frédéric, qui entendait réduire le nombre des danseurs et des figurants et les payer le moins possible. « Faites des Amours à bon marché, écrivait-il un jour au Baron de Pöllnitz, qui montait un ballet mythologique, car à Mon âge on ne les paye plus cher » (36).

A Denis succéda un chorégraphe allemand, le Sieur Franz Salomon. C'est sous son consulat que débuta à Berlin le danseur Fierville, fils de l'*entrepreneur* de la Comédie française. Fierville *fils* avait appartenu à l'Opéra de Stuttgart et y avait appris son métier sous la direction de L'Epi, premier danseur de Charles-Eugène. Il vint en Prusse avec sa camarade et maîtresse, Mlle Heinel ; mais les deux amants, mécontents de leurs honoraires, ne restèrent pas longtemps au service de Frédéric. Ils se rendirent à Paris où on leur offrait de brillants engagements (1768). Mlle Heinel devint bientôt une des célébrités de notre Académie royale de musique et Fierville eut l'honneur d'être auprès de cette danseuse le rival heureux du Comte de Lauraguais (37).

En 1782, Franz Salomon quittait Berlin. Sa place fut reprise par le danseur Desplaces qui avait épousé Marianne Cochois ; mais le nouveau maître de ballet se retira bientôt de la scène à la suite d'une grave maladie (38). Son neveu, qui l'avait secondé avec talent, lui succéda et dirigea les divertissements de l'Opéra jusqu'à la fin du règne de Frédéric (39).

NOTES ET CITATIONS

DES DOCUMENTS

CHAPITRE I

LE THÉATRE FRANÇAIS A LA COUR DE PRUSSE

DES ORIGINES A L'AVÈNEMENT DE FRÉDÉRIC II

16..-1740

(1) SOURCES : Kgl. Haus-Archiv (Charlottenburg) : Collection de manuscrits provenant de la Bibliothèque de S. A. R. le Prince Henry de Prusse, 2 vol. in-folio. F. 181.02. — Kgl. Geheim. Staats-Archiv (Berlin Klosterstrasse) : Dramatisches Rep. 9 L. L. 7 C; R 92. König 295. — Pöllnitz (Ch. L. Baron de) : *Mémoires contenant les observations qu'il a faites dans ses voyages.* — *Mémoires pour servir à l'histoire des quatre derniers Souverains de la Maison de Brandebourg royale de Prusse.* — Bareith (Margrave de) : *Mémoires.* — Ortgies (F. H.) : *Berliner geschriebene Zeitung aus den Jahren 1713-1717 und 1735.* Herausgegeben von Herrn Dr. Ernst Friedlaender. — Bielfeld (Baron de) : *Lettres familières et autres.* — Frédéric II : *Correspondance*, jusqu'à l'année 1740. — *Œuvres poétiques.* Passim.

A CONSULTER : Ledebur (K. Freiherr von) : *König Friedrich I von Preuszen*. — Förster (F.) : *Friedrich Wilhelm I von Preuszen*. — Preusz (J. D. E.) : *Friedrich der Grosze*. — Koser (R.) : *Friedrich der Grosze als Kronprinz*. — Lavisse (E.) : *La Jeunesse du Grand Frédéric*. — *Le Grand Frédéric avant l'avènement*. — Hamilton : *Rheinsberg Memorials of Frederik the Great and Prince Henry of Prussia* (Tome I). — Plümicke (C. M.) *Entwurf einer Theatergeschichte von Berlin*. — Schneider (L.) : *Geschichte der Oper und des Königlichen Opernhauses in Berlin.* — Brachvogel : *Das alte Berliner Theater-Wesen*. — Nous indiquerons en notes les autres références.

(2) Un grand nombre d'artistes français se réfugièrent à Berlin en 1685. Citons parmi eux : les peintres Abraham Ramondon, Henri Fromenteau, Jacques Vaillant ; les architectes Paul Detan (de Béziers), Abraham Quesney et Pierre Boinet. Ces derniers dirigèrent la construction des principaux édifices publics de Berlin et présidèrent au rétablissement de plusieurs villes du Brandeburg, qui n'étaient que des amas de ruines depuis la guerre de Trente Ans. Ajoutons encore à ces noms ceux de l'orfèvre Colivaux et des émailleurs Jean Pierre et Ami Huault. (Cf. Ch. Weiss : *Histoire des réfugiés protestants de France*, I, 155. — Dussieux (L.) : *Les Artistes français à l'étranger*, p. 196 et suiv.)

(3) Cf. Pöllnitz : *Mémoires pour servir à l'histoire des quatre derniers Souverains de la Maison de Brandebourg*. Op. cit. I, 125 et 126.

(4) Dès le règne du Grand Electeur, le français commença à être parlé à la Cour. Sous Frédéric I, s'exprimer dans une autre langue était considéré comme indécent. Témoin cette anecdote rapportée par Pöllnitz :

« L'Electeur, de retour à Berlin (1694) y reçut la visite de la princesse de Pologne Thérèse Cunégonde, fille du Roi Jean Sobiesky. Elle venoit d'épouser par procuration à Varsovie Maximilien Emanuel, électeur de Bavière. Elle passoit pour aller joindre son époux à Bruxelles. On admira la beauté de ses traits et le charme de sa personne ; mais on fut étonné de la bizarrerie de son caractère. Elle affecta de ne point parler françois, quoique cette langue lui fût aussi familière que la polonoise, la Reine sa mère, qui l'avoit élevée étant françoise. »

Cf. Pöllnitz : *Mémoires pour servir à l'histoire des quatre derniers Souverains de la Maison de Brandebourg. Op. cit.* I, 163.

(5) Kgl. Geheim. Staats-Archiv (Berlin Klosterstrasse). R. 92. König 295, p. 35, 36, 38.

(6) Döbeln est nommé dans des comptes qui se trouvent également dans la liasse R. 92. König 295.

(7) Brachvogel cite un acte daté de février 1685 par lequel le Grand Electeur concède à un certain Picard la Croix le droit de « représenter » à Berlin et à Cologne sur la Sprée. Cet individu n'était pas à proprement parler un comédien, mais un escamoteur. Voici cette concession :

« Des Kunstspielers Picard la Croix Conzession.

Nachdem Seine Chursfürstl. Gnaden zu Brandenburg gegenwärtig Picard la Croix Kunstspieler in Gnaden concediret u. erlaubet, in der Residenzstatt Berlin und Cöln seine Kunststükke, so dieselben zu sehen belieben haben, öffentlich zu zeigen. Alsz befehlen hochgedachte Seine Churfl. Dchl. denen Magistraten der Residentzien hiemit gnädigst sich hiernach gehorsamst zu achten u. ihm nicht allein solches zu gestatten, sondern ihm auch einen bequemen Orth dazu anweisen zu lassen.

Signatum Potsdam d. 2 Februar 1685.

V. Fuchs. »

(Cf. Brachvogel. *Op. cit.*, p. 44.)

(8) Cf. Lavisse (E.) : *La Jeunesse du Grand Frédéric. Op. cit.*, p. 2.

(9) Cf. Waddington (A.) : *L'Acquisition de la couronne de Prusse par les Hohenzollern*, p. 272 et suiv.

(10) En 1700, Frédéric I fonda l'Académie des Sciences de Berlin. Mais, à vrai dire, ce fut Sophie-Charlotte qui la première eut l'idée de créer une société savante en Prusse. La Reine demanda à son ami Leibnitz d'en accepter la présidence et d'en diriger les

travaux. Le Roi assigna comme fonds à la nouvelle compagnie le produit de la vente des Almanachs et donna pour les séances des appartements situés au-dessus des petites écuries dans la ville neuve.

En 1696, Frédéric avait ouvert une Académie des Beaux-Arts, dont les membres les plus distingués furent les peintres Werner, Auguste Terwesten, Samuel Gericke et le célèbre architecte Andreas Schlüter.

Cf. Pöllnitz : *Mémoires pour servir à l'histoire des quatre derniers Souverains de la Maison de Brandebourg, Op. cit.* I, 219 et suiv. ; Ledebur : *Op. cit.*, p. 63 et suiv. ; Heyck (Dr. Ed.) : *Friedrich I und die Begründung des preuszischen Königtums*, p. 64 et suiv.

(11) Frédéric I avait épousé en premières noces Elisabeth-Henriette de Hesse-Cassel (1679). Cette princesse mourut en 1683.

(12) Cf. Kuno Fischer : *Leibnitz (Geschichte der neuern Philosophie. Zweiter Band)*, p. 261 et suiv.

(13) Le château de Lützenburg, qui prit après la mort de la Reine Sophie le nom de Charlottenburg, fut commencé en 1695 sur les plans du célèbre Andreas Schlüter. Eosander von Göthe éleva la coupole qui surmonte le bâtiment central où se trouvaient les appartements de la Souveraine. Sous le règne du Grand Frédéric, cette résidence fut encore agrandie par Knobelsdorff.

Lenôtre dessina les jardins du château (1694).

« Comme cet artiste, écrit Thiébault, vit qu'il avait à travailler pour un souverain dépensier et pour une souveraine qui avait l'âme élevée, il se livra à toute la grandeur de son génie, et ne songea qu'à ériger un monument qui pu prolonger dans l'avenir le souvenir de ses talents et de son nom. Il profita de tout ce que la situation lui offrait d'avantageux. Le château est sur la rive gauche de la Sprée ; il prit cette rivière pour le centre du jardin qu'il s'agissait de former. A la droite de la Sprée, on voit une vaste prairie, qui aboutit à une forêt immense. La prairie fut destinée à devenir une partie du jardin, mais dans un genre tout nouveau et la forêt un parc vraiment royal. A la gauche de Charlottenbourg, Lenostre s'étendait également fort loin et jusqu'au sommet d'une hauteur, où se trouve un moulin et d'où l'on voit Spandau. Entre ces deux parties, il forma une sorte de centre dessiné de manière à préparer tout le reste, c'est-à-dire à en annoncer le plan. Ce centre est tout ce qu'on a exécuté; mais il ne faut pas croire qu'il offre un espace très borné. Il est au contraire fort étendu ; on y voit de part et d'autre des allées superbes et un ensemble admirable. Il est terminé au fond par deux étangs assez considérables, derrière lesquels un bois épais et presque sauvage dérobe aux yeux la fin du jardin. Quoique le tout ait été conçu pour servir de centre à un plan beaucoup plus vaste, les connaisseurs ne devinent point qu'il y manque quelque chose et s'accordent à en vanter la régularité, l'harmonie, la variété et la noblesse. On le regarde en un mot comme digne d'être vu même après les Tuileries. Malheureusement Frédéric I ne se trouva pas assez riche pour suivre en son entier ce plan dont le dessein, m'a-t-on dit, existe encore dans les Archives de Berlin. » Cf. Dieudonné Thiébault : *Souvenirs de vingt ans de séjour à Berlin*. II, 5 et suiv.

(14) On voit encore dans un salon du château le clavecin de la Reine Sophie. L'instrument laqué de blanc est décoré de magots chinois, de fleurs et de paysages aux couleurs voyantes.

(15) Cf. Kuno Fischer : *Op. cit.* ibid.

(16) Un grand nombre des madrigaux, des sonnets et des stances, que rimaient les poètes de Lützenburg, ont été recueillis par le prince Henry, frère de Frédéric II. Ils forment un manuscrit conservé aujourd'hui aux Archives de la Maison royale. Nous en extrayons des vers adressés par un certain Térou ou Téron (le nom est peu lisible) à une demoiselle de G., qui « par une singularité assez rare » remuait l'oreille à volonté. Ces vers semblent signés d'un élève de Voiture et auraient mérité les applaudissements du salon d'Arthénice :

« *Sur l'oreille de Mademoiselle de G.*

Mon cœur avoit presque oublié
La plus Belle moitié du monde
Et je fuyois l'autre moitié

Dans une retraitte profonde.
Amant de Flore et Rival de Zéphyr
Un parterre émaillé faisoit tout mon plaisir.
Mais je fus bientôt las des fleurs les plus nouvelles,
Et mon amour fut passager comme elles.
Une fleur après tout n'est jamais qu'une fleur,
C'est le plaisir des yeux et non celui du cœur.
Le Beau Sexe autrement nous pique et nous réveille.
Je l'avois quitté, j'y reviens
Mais il est vray que je n'y tiens
Que par un *petit bout d'oreille*.
Je scay qu'il n'appartient qu'aux dieux
De soupirer pour deux beaux yeux
Et pour une Divine Bouche.
Respectant les attraits dont on est enchanté,
J'en cherche un autre qui me touche
Et je le Rencontre à costé.
L'oreille que mon cœur adore
Brille plus que la Rose au lever de l'aurore.
L'œil ne fait qu'entrevoir les lys
Sous la rougeur ensevelis ;
C'est un rare et charmant dédale,
L'Amour en a formé les tours et les replis,
C'est une *oreille* sans Egale.
D'un mouvement léger et prompt,
Dès qu'on lui parle, Elle répond.
De la Bouche d'Iris, Enfin c'est la Rivale.
La Bouche peut s'expliquer mieux,
Mais Elle ne sçauroit prétendre
Au don que son *Oreille* en partage eut des Cieux,
D'Entendre et de se faire Entendre.
Content de mon destin, je ne suis point jaloux.
Pour un illustre Amant soyez toujours vermeille,
Belle Bouche, beaux yeux, soyez lui toujours doux ;
Pour moy, je ne veux point de vous
Et je m'en tiens à mon *Oreille*. »

(Kgl. Haus-Archiv. (Charlottenburg). Collection de manuscrits provenant de la bibliothèque de S. A. R. le Prince Henry de Prusse. F. 181. 02.)

(17) «.... Mademoiselle de Pœllnitz, dame d'atour de la Reine avoit la

direction des plaisirs et, comme elle avoit le talent de l'invention, elle en fournissait souvent de nouveaux... Elle avoit l'imagination vive, la réplique prompte, l'esprit enjoué et orné de connaissances au-delà de ce que le préjugé ordinaire des hommes en accorde au sexe. Elle avoit... pour rivale Mademoiselle de Bulau, grand'gouvernante ou dame d'honneur de la Reine. On pouvoit dire de ces deux dames qu'elles avoient la magie de la parole, comme on l'avoit dit en France du Cardinal de Richelieu et du Maréchal d'Ancre. » (Cf. Pöllnitz : *Mémoires pour servir à l'histoire des quatre derniers Souverains de la Maison de Brandebourg. Op. cit.* I, 217.)

(18) Lettre de Leibnitz à l'Electrice de Hanovre, citée par Ledebur, *Op. cit.*, p. 178.

Pöllnitz signale dans ses *Mémoires* une fête du même genre donnée à Hanovre en 1703 en l'honneur de Sophie-Charlotte :

« ... Le Carnaval...... fut extrêmement animé ; il y eut une mascarade qui fit beaucoup de bruit ; c'étoit le festin de Trimaclion. Le Raugrave (Charles-Maurice, fils de Charles-Louis, Electeur Palatin et de la Degenfeld) étoit Trimaclion et mademoiselle de Poellnitz, dame d'atour de la Reine, représentoit Fortunata. La Reine, l'Electeur de Hanovre et le duc Ernest-Auguste son frère étoient des conviés. Tout ce que Prétrone rapporte de ce festin prétendu, fut exécuté dans celui-ci, autant que la bienséance le permettoit. On parla beaucoup de cette fête, et il s'en fit des contes qui n'étoient ni véritables, ni vraisemblables. Cependant le Roi les crut et fut près d'un an à bouder avec la Reine. » (Cf. Pöllnitz : *Mémoires pour servir à l'histoire des quatre derniers Souverains de la Maison de Brandebourg. Op. cit.* I, 239.)

Les Archives de la Maison royale possèdent une description manuscrite de ce dîner qui resta célèbre dans les annales de la Cour.

(19) En 1679, Sophie-Charlotte accompagna sa mère qui se rendait en France pour visiter sa sœur Hollandine, abbesse de Maubuisson et sa nièce Elisabeth-Charlotte, duchesse d'Orléans.

Pendant ce voyage, l'Electrice et sa fille assistèrent aux fêtes données à Fontainebleau à l'occasion du mariage de Marie-Louise (fille du duc d'Orléans et de feu Henriette d'Angleterre) avec Charles II, Roi d'Espagne. Il y eut Comédie française et Comédie italienne.

A Paris, Monsieur régala les deux voyageuses d'une représentation d'Opéra. Les artistes ne plurent que médiocrement à l'Electrice ; elles les déclara inférieurs aux chanteurs italiens qu'elle avait entendus à la Cour de son beau-frère Jean-Frédéric.

Au Rinci le Duc d'Enghien offrit également à la Duchesse de Hanovre le spectacle d'une comédie : on joua *Jodelet musicien*. Cette pièce et son auteur nous sont inconnus. Peut-être s'agit-il de *Crispin musicien*, farce d'Hauteroche représentée en juillet 1674 à l'Hôtel de Bourgogne.

(Cf. *Memoiren der Herzogin Sophie nachmals Kurfürstin von Hannover*, p. 117 et suiv.)

(20) « Après l'entrée (l'entrée de Frédéric I à Berlin après les fêtes du couronnement) le Roi alla visiter ses maisons de plaisance et la Reine se rendit à Lützenburg, où elle passa l'été. Sa Cour étoit des plus brillantes. C'étoient alternativement opéras italiens, *comédies françoises*, bals, jeux et promenades.... »

(Cf. Pöllnitz : *Mémoires pour servir à l'histoire des quatre derniers Souverains de la Maison de Brandebourg*, Op. cit. I, 217.)

(21) Kgl. Haus-Archiv. (Charlottenburg). Collection de manuscrits provenant de la bibliothèque de S. A. R. le Prince Henry de Prusse. F. 181. 02.

(22) Joseph I, fils de l'Empereur Léopold I, naquit le 26 juillet 1678. Il fut couronné Roi des Romains le 26 janvier 1690 et Empereur en 1705. Il mourut le 17 avril 1711.

(23) Wilhelmine-Amélie, fille du duc Jean-Frédéric de Braunschweig-Lüneburg, naquit le 26 avril 1673. Elle épousa Joseph I Roi des Romains le 24 février 1699 et mourut le 10 avril 1742.

(24) Dans cet *à-propos*, les rôles chantés étaient sans doute tenus par des acteurs de profession.

(25) Cf. Schneider (L.) : *Op. cit.* p. 16 ; Ledebur: *Op. cit.* p. 319.

Dans le rôle de l'Amour, que tenait le jeune Duc de Curland, se trouvait une allusion aux études philosophiques de la Reine. Depuis quelque temps, Sophie-Charlotte était plongée dans une traduction italienne de Lucrèce, dont Leibnitz lui avait fait présent. Le *De natura rerum* faisait tout oublier à la Souveraine et Cupidon s'en plaignait ainsi :

> « On ne fait guère
> En ce parterre,
> On ne fait guère
> Cas de l'amour.
>
> Tout est Lucrèce,
> Point de faiblesse,
> Tout est Lucrèce
> A Lützelbourg. »

(26) La Princesse Louise-Dorothée-Sophie était fille de Frédéric I et de sa première femme, Elisabeth-Henriette de Hesse-Cassel.

La Festa del Himeneo fut représentée à Berlin, sur le théâtre construit au-dessus du manège royal. (Voyez plus bas note 31.)

Les paroles de cet opéra étaient de l'abbé Mauro ; la partition du célèbre violoniste Attilio Ariosti et de Carl Friedrich Rieck, Directeur de la Musique Electorale. Les décors et la machinerie avaient été exécutés par Thomas Giusti, Architecte de la Cour de Hanovre. Eosander von Göthe avait dessiné les costumes.

Dans les ballets, on applaudit particulièrement le Prince électoral et les Margraves Albert et Christian Louis (Cf. Schneider (L.) : *Op. cit.* p. 4 et suiv. ; Ledebur : *Op. cit.* p. 250 et suiv.

(27) Citons parmi les œuvres qu'inspira aux poètes de Cour la perte de Sophie-Charlotte, la

COMPLAINTE
DES BERGERS DE CHARLOTTENBOURG
SUR LA MORT DE LA REINE.

« Sophie est morte hélas ! Adieu plaisirs champêtres !
Ce coup nous a chassés pour jamais de ces lieux.

Il nous a fait mourir avecques les Beaux yeux
Qui seuls, pour nous, nous faisoient naître.

.*.

Privés de cet attret sy doux,
Adieu chalumeaux et musettes,
Adieu fleurs, adieu chansonnettes !
Il n'est plus de printemps pour nous.
Que les loups dans la Bergerie
Viennent Ravager le troupeau !
Qu'on ne voye jamais Reverdir la prairie !
Qu'importe, hélas ! Sophie est au tombeau.

.*.

Petits oiseaux, cessez votre Ramage,
Nous n'avons plus de cœurs, ni d'oreilles pour vous ;
Cédez votre place aux hiboux,
Leur chant nous plaira d'avantage.

.*.

Et toi, triste Echo, qui soupire,
Fait de notre malheur retentir les forêts ;
Qu'on entende après nous partout Dire et Redire :
Pleurons, pleurons sans cesse et pleurons à jamais.

.*.

Nous laissons là la Bergerie.
Prenne part qui voudra, Moutons, à votre sort.
Nos soins comme nos cœurs, tout a suivi Sophie,
Et nous ne vivons plus que pour pleurer sa mort.

.*.

A toute heure, en tout lieu, chacun de nous s'écrie,
Gémissant sous le poids du céleste courroux,
Qu'êtes-vous devenue, adorable Sophie,
Et sans vous, que deviendrons-nous ?

.*.

Nos forêts n'auront plus qu'une triste verdure ;
Tout gémit, tout soupire, enfin tout est en deuil.

La mort de nôtre Reine accable la nature
Et semble l'avoir mise avec elle au cercueil.

*
* *

Charmant jardin, ou la déesse Flore
Etaloit ses plus belles fleurs,
En vain Brilleriez-vous encore,
Vous n'êtes plus pour nous qu'un Sujet de douleurs.

*
* *

Nimphe généreuse et charmante,
Qui fûtes le Soutien de notre troupe errante,
Si vous voulez toujours pour seconder nos pleurs
Des Regrets dignes de Sophie
Et Bornés seulement par la fin de la vie,
Venez les chercher dans nos cœurs. »

(Kgl. Haus-Archiv (Charlottenburg). Collection de manuscrits provenant de la bibliothèque de S. A. R. le Prince Henry de Prusse. F 181.02.)

(28) Kgl. Geheim. Staats-Archiv (Berlin Klosterstrasse). Dramatisches Rep. 9. L. L. 7. C. Il existe un double de cet acte dans la liasse R. 92 König 295, p. 109.

(29) On ne sait rien de cet acteur qui avait obtenu « le Privilège de la Comédie » à Bruxelles le 3 avril 1705. (Cf. Faber (F.) : *Histoire du Théâtre français en Belgique*. I, 81.) Fonpré était sans doute frère de Hugues-François Banié, sieur de Fompré qui avait débuté à Versailles le mercredi 17 mars 1688 par le rôle de Stilicon et à Paris le 15 septembre 1701 dans *Andronic* et *Le Florentin*. Il fut admis. Sa femme, née Elisabeth Clavel, appartenait également à la Comédie française. (Cf. *Dic. des Théâtres*, II, 609 et 610.)

(30) Kgl. Geheim. Staats-Archiv (Berlin Klosterstrasse). Dramatisches Rep. 9. L. L. 7. C.

(31) Cette seconde supplique, datée du 8 février 1707, est rédigée à peu de choses près dans les mêmes termes que la précédente. Elle contient cependant quelques détails nouveaux :

« Le dit Gasseau et la d. Rosidor, se croians... entièrement libres, ne songèrent plus qu'à se mettre en état de partir et se rendirent au Carosse loüé par le suppliant le 8me X^{bre} pour partir avec le suppliant et les autres...

Mais le suppliant eu lieu d'être extrêmement étonné quand il vit venir le nommé Ernoult de la d. troupe les venir arrester à main armée, et avec une violence qui attira la foule du peuple, et le suppliant s'étant informé en détail de ses prétentions, il apprit avec douleur que la trouppe de Bruxelles informée de la nécessité ou étoit le suppliant de partir, sans oser pour quelque raison que ce pût être retarder d'une heure, s'étoit prévalue de cette nécessité pour former des prétentions chimériques au sujet du d. Gasseau et de la d. Rosidor, faisans monter le dédit de chacun à 500 francs, quoy qu'ils eussent arresté et soldé leurs contes et payé ce qu'ils pouvoient légitimement devoir... »

Du Rocher termine en faisant observer à Frédéric que l'insulte et l'attaque du Sieur Ernoult rejaillissent sur « la Personne royale » d'abord parce que le suppliant « étoit revêtu du Charactère d'officier de Sa Majesté », ensuite « en ce que les Bagages avoient été indiquez au Carosse de loüage sous le nom du Roi afin de les mettre à l'abry sous cet auguste nom des Insultes des partis ».

(Kgl. Geheim. Staats-Archiv (Berlin Klosterstrasse). Dramatisches Rep. 9. L. L. 7. C.)

(32) Pöllnitz signale l'existence de cette scène dans ses *Mémoires*, mais il n'en donne aucune description (Cf. Pöllnitz : *Mémoires contenant les observations qu'il a faites dans ses voyages*. Op. cit. I, 22.)

Voici ce que Schäffer et Hartmann disent de ce théâtre :

« Zur Aufführung von Operetten und französischen Komödien wurde bereits unter Kurfürst Friedrich III, dem nachmaligen ersten Könige von Preussen, ein Operntheater im rechten Flügel und Mittelflügel über der verdeckten Reitbahn des Marstalls — Breitestrasse 36 — benutzt. Dieses Theater war noch im Jahre 1780 vorhanden, lag im zweiten Stocke des Vordergebäudes und zwar so, dass das Auditorium nach der Strasse zu, das Theater selbst über der Reitbahn angebracht war. Es wurde nur von der Hofgesellschaft besucht. »

(Schäffer et Hartmann : *Die Königlichen Theater in Berlin*, p. 274. Cf. également Bormann (R). : *Die Bau- und Kunstdenkmäler von Berlin*, p. 348, col. 1.)

(33) Johann von Hessig fut plus tard Bourgmestre de Berlin. Sur le théâtre construit dans sa maison, Cf. Plümicke : *Op. cit.* p. 89 ; Schneider : *Op. cit.* p. 17 et suiv ; Schäffer und Hartmann : *Op. cit.* p. 274.

(34) Voici la requête de Du Rocher :

« AU ROY.

SIRE

« George du Rocher Intendant des plaisirs de Votre Majesté lui remontre avec un très profond respect

Qu'il est en marché avec le valet de Chambre de Votre Majesté Jean Hessig pour le Théâtre qu'il a fait bâtir dans sa Maison, dont il demande six cens écus par an.

Mais comme il seroit impossible à la troupe des Comediens de se tirer d'affaires en payant un loyer si considérable, le suppliant a crû que Votre Majesté voudroit bien leurs faire la grace de leurs remettre en considération de cela, les 400 R. qu'ils s'étoient engagés de donner annuellement aux Pauvres, et l'Ecu pour l'accise par chaque représentation, c'est ce qui oblige le suppliant d'implorer la bonté de Votre Majesté

A ce qu'il luy plaise ordonner a son Ministre d'Etat et M^e des Requestes S. E. de Hamrath de faire comparoitre le d. Valet de chambre de V. M. Jean Hessig, et le suppliant agissant pour la troupe des Comédiens et conclure entr'eux au nom de Votre Majesté le d. Marché pour le Théâtre aux conditions sus exposées.

Et le suppliant sera tenu de faire de nouveaux efforts avec sa troupe, pour divertir Votre Majesté, et toute sa Cour royale.

Berlin le 8me
février 1707.

George du Rocher
Au nom de la Troupe des
Comédiens du Roy.

Adresse :

« Très humble Requeste
A Sa Majesté
A ce qu'il luy plaise
commettre en grace son
Ministre d'Etat et Maître
des Requestes S. E. de Hamrath
pour conclure le Marché
Avec le valet de Chambre
de V. M. Jean Hessig pour
le Théâtre bati dans sa
Maison, aux conditions cy
dedans demandées.

George du Rocher
Au nom de la Trouppe des
Comédiens du Roy. »

Kgl. Geheim. Staats-Archiv. (Berlin Klosterstrasse). Dramatisches Rep. 9. L. L. 7. C.

(35) Cf. Supplique de Du Rocher au Ministre d'Etat et Maître des Requêtes, M. de Hammarath. Kgl. Geheim. Staats-Archiv (Berlin Klosterstrasse). Dramatisches Rep. 9. L. L. 7. C.

(36) Ibid.

(37) Voici les deux suppliques de Du Rocher :

a)

« AU ROY

SIRE

« C'est avec toutes les soumissions imaginables, que Durocher ose prendre la hardiesse de remercier Votre Majesté des graces qu'elle a daigné avoir pour moy et ma famille, me faisant la faveur de m'ordonner de présenter à Votre Majesté un mémorial de mes debtes qui ne consistent que pour avoir améné les Comédiens depuis Tournay jusqu'icy par terre avec leur équipage dont le nombre des personnes montoit en tout à une quarantaine et tous voiturez par la poste, ce qui m'obligea d'emprunter à Amsterdam huit cens écus par lettre d'échange dont ie suis redevable depuis un an au Sieur Maillet banquier de cette Ville et deux cens écus au Sieur Quelche pour r'achever de payer les voitures, ce qui ma arrieray de mille Risdalles, outre les deux mille, que Votre Majesté me fit la grace de me faire toucher pour le voyage depuis Tournay jusqu'ici dans Berlin, ce qui m'a couté pour moy seul trois cens écus ; toute ma vie, Sire, je feray, moy et les miens, des vœux au Ciel pour Votre Majesté de même que pour l'auguste Maison Royale, vous suppliant, Sire, de permettre de me dire à jamais avec un respect soumis,

Sire
De Votre Majesté
Le très humble et très soumis
et très obligé serviteur
Durocher. »

b)

« AU ROY

SIRE

« C'est avec toutes les soumissions imaginables et tous les respects possibles que j'ose prendre la hardiesse de remercier Vôtre Majesté des bontez qu'elle a daigné avoir pour moy et ma famille, lors qu'elle me fit la grâce de m'ordonner de marier ma fille au jeune Clavel, et de me commander de présenter un mémorial de mes debtes à Vôtre Majesté, ce que je fis dans ce temps là par Monsieur D'hammarath, et dont je n'ay point eu de réponce. Sire, je suis endetté de mille Risdalles, pour avoir amené les Comédiens depuis Tournay jusqu'icy, tous par la poste ainsi que leur équipage, et moy qui ay fait trois fois le voyage a mes depens sans avoir receu aucune chose pour m'indemniser, que les deux mille Risdalles que Vôtre Majesté ordonna pour le voyage des Comédiens ; sur cet argent je perdis vingt-cinq pour cent ce qui m'obligea à emprunter à Amsterdam huict cens écus, dont j'en suis redevable depuis dix huit mois au Sieur Maillet, Banquier de cette Ville, et deux cens à un amy. Sire, je me recommande avec un profond respect à la Générosité ordinaire de Votre Majesté, afin que ie puisse retirer mes effects qui sont en gage, vous suppliant, Sire, d'avoir pitié d'un pauvre Père de famille qui est ruiné d'intérets depuis ce temps la. Sire, je feray toute ma vie, moy et les miens, des vœux au Ciel pour Vôtre Majesté et pour l'Auguste Maison Royale.

Durocher. »

(Kgl. Geheim. Staats-Archiv (Berlin Klosterstrasse). Dramatisches Rep 9. L. L. 7. C.)

(38) Cf. *Dic. des Théâtres. Op. cit.* V, 155; Lemazurier : *Galerie historique des acteurs du Théâtre français*, I, 541.

(39) Cf. Bareith (Margrave de) : *Mémoires*, p. 4.

(40) Cf. à l'appendice la distribution du *Triomphe des Amours et des Plaisirs*.

Frédéric I eut encore à son service deux chorégraphes français : les Sieurs Charles-Sylvain Dubois et de la Montagne.

Dubois était né à Bruxelles en 1688. Il avait été soldat avant d'être danseur. Il vint à Berlin vers 1707 et mourut à Cöpenik en 1753. A son avènement, Frédéric-Guillaume I le renvoya avec les autres artistes de l'Opéra. Dubois s'adonna alors aux beaux-arts et devint un paysagiste distingué. Il avait composé les ballets d'un opéra joué en 1708 en l'honneur du mariage de Frédéric I avec Sophie-Louise de Mecklemburg-Schwerin.

Nous ne savons rien du Sieur de la Montagne. Il régla les entrées des *Noces d'Alexandre et de Roxane*, ouvrage également représenté au troisième mariage de Frédéric I. (Cf. Schneider : *Op. cit.* p. 29 et suiv.)

(41) Cf. Plümicke : *Op. cit.* p. 103.

(42) Cf. Pöllnitz : *Mémoires pour servir à l'histoire des quatre derniers Souverains de la Maison de Brandebourg. Op. cit.* I, 327.

(43) Cf. Ibid. II, 6.

(44) Cf. Förster (F.) : *Op. cit.* I, 302.

(45) Cf. Bareith (Margrave de) : *Op. cit.* p. 6.

(46) Cf. Lavisse (E.) : *La Jeunesse du Grand Frédéric, Op. cit.* p. 47.

(47) Frédéric-Guillaume n'avait comme « Musique royale » que celle de son régiment de grenadiers. Elle était dirigée par un certain Gottfried Pepusch, qui se trouvait déjà au service de la Cour sous Frédéric I. Le Roi aimait particulièrement la musique militaire, mais il appréciait aussi la musique dramatique. Händel était son compositeur favori et parmi les œuvres du maître, Frédéric-Guillaume admirait surtout *Alessandro* et *Siroë*. Il se faisait souvent exécuter les partitions de ces opéras. Pour les écouter sans

être distrait, il se plaçait au fond d'une galerie, dans l'obscurité. Les musiciens étaient à l'autre bout. Parfois le roi s'endormait ou en avait l'air. Pepusch en profitait pour sauter quelques pages, mais son auditeur se réveillait en sursaut et criait : « Ihr laszt ja was aus ! » Il fallait recommencer.

A cette musique sérieuse et savante, Frédéric-Guillaume ne craignait pas de mêler de la musique légère, voire burlesque. Un jour, il applaudit à tout rompre un sextuor de cochons, que son maître de chapelle avait écrit à propos d'une histoire contée à la tabagie. Une autre fois, le Roi fit jouer une musique « de janissaires composée de plus de cinquante nègres. Leurs instrumens consistoient en de longues trompettes, de petites tymbales et des plaques d'un certain métal, qu'ils frappoient l'une contre l'autre ; tout cela ensemble faisoit un bruit épouvantable. »

Cf. Förster : *Op. cit.* I, 302 et suiv. ; Bareith (Margrave de) : *Op. cit.* p. 403.

Les peintures de Frédéric-Guillaume étaient fort médiocres, quelque peu caricaturales. Il exécutait ses tableaux lorsque la goutte le clouait à la chambre et les signait : « *In tormentis pinxit F. W.* » On en voit encore quelques-uns au Potsdamer Stadtschloss. L'une de ces toiles représente une femme affligée de deux pieds gauches !

(48) Cf. Formey : *Souvenirs d'un citoyen*, I, 82 et suiv. Jacques Paul Gundling « Premier Maître des Cérémonies, Conseiller privé de guerre, des finances, de la Chambre de justice et Historiographe », fut le successeur de Leibnitz à l'Académie des Sciences de Berlin. Lire sur ce singulier personnage un article du *Mercure* de juin 1718, p. 143.

(49) Cf. Förster : *Op. cit.* I, 305.

(50) Cf. Bareith (Margrave de), *Op. cit.* p. 28 et 412.

(51) Cf. Ibid. p. 377.

(52) Cf. Röseler (W.) : *Die Barbarina*, p. 16.

(53) Cf. Förster : *Op. cit.* I, 310.

(54) Cf. Bareith (Margrave de) : *Op. cit.* p. 377 et 395.

(55) Ce précepteur, qui avait été donné à Frédéric-Guillaume

par le comte de Dohna, se nommait Rebeur. C'était, dit Pöllnitz, un « pédant, infatué de lui-même, faisant le bel esprit, se mêlant de versifier, peu appliqué à ses devoirs, et fatiguant le prince par des leçons plus propres à le dégoûter des études qu'à lui en donner le goût. » (Cf. Pöllnitz : *Mémoires pour servir à l'histoire des quatre derniers Souverains de la Maison de Brandebourg. Op. cit.* I, 166.)

(56) Son trousseau de mariage venait de France et était tel « que jamais princesse d'Allemagne n'en avait eu de semblable. Les emplettes avaient été faites à Paris. Madame la duchesse d'Orléans avait bien voulu les choisir et les ordonner. Elle fit tout voir à Louis XIV, qui en les voyant dit qu'il serait à souhaiter pour les marchands de Paris que toutes les princesses d'Allemagne fussent équipées de même. »
(Cf. Pöllnitz : *Mémoires pour servir à l'histoire des quatre derniers Souverains de la Maison de Brandebourg. Op. cit.* I, 278.)

(57) « A mille vertus respectables, elle (Sophie-Dorothé) joint le talent singulier de parler les langues de plusieurs païs, qu'elle n'a jamais vus, avec autant de délicatesse que si elle y étoit né. La langue françoise surtout lui est si familière qu'on la prendroit pour une princesse de la Maison Royale de France. » (Cf. Pöllnitz : *Mémoires contenant les observations qu'il a faites dans ses voyages. Op. cit.* I, 40.)

(58) Ce fait est rapporté par Franz Hermann Ortgies dans le journal manuscrit qu'il envoyait régulièrement au Prince d'Ostfriesland.
(Cf. *Berliner geschriebene Zeitung... Op. cit.* p. 189, 211 et 241.)

(59) Cf. Förster : *Op. cit.* I, 317.

(60) Cf. Ibid. p. 310. La plupart des actes relatifs à Eckenberg se trouvent au Kgl. Geheim. Staats-Archiv (Berlin Klosterstrasse) König. Manusi Boruss. Fol. 295, p. 137, 138, 139, 140, 144. Voir encore sur Eckenberg : L. Schneider : *Johann Carl von Eckenberg, der starke Mann. Eine Studie zur Theater-Geschichte Berlins.* 1848. Brochure in-8°; Brachvogel : *Op. cit.* I, p. 66 et suiv.

(61) Voici ces vers qui se trouvent sous le portrait d'Eckenberg que nous reproduisons :

> « Hier sieh's tu einen Mann
> Sonst Simson tituliret,
> Den Hoch und Niedrige,
> Gar vielmahl admiriret ;
> Dasz Er ein Simson sey,
> Wird iederman gestehn,
> Der ie das glück gehabt,
> Ihm nur einmahl zu sehn. »

(62) Cf. Lettre de Frédéric à la Margrave de Bareith. Ruppin, lundi 9 novembre 1733.

(63) Cf. Koser (R.): *Friedrich der Grosze als Kronprinz*, Op. cit. p. 124.

(64) Cf. Lettre de Frédéric à Voltaire. 9 novembre 1738.

(65) Cf. Lettre de Frédéric à Jordan. Mars 1740.

(66) Cf. Bareith (Margrave de): *Op. cit.* p. 129 ; Bielfeld a dessiné de Kayserling l'amusante silhouette que voici :

« Il entra tout à coup en tourbillon avec fracas, comme Borée dans le Ballet de la Rose. Il revenoit de la chasse et je fûs assez surpris de le voir en robe de chambre et un fusil sur l'épaule. Il m'aborda d'un air fort aisé. Ses premières paroles pensèrent me persuader que j'avais l'honneur d'être son ami intime depuis longtemps. Il me prit sous le bras et m'enleva dans sa chambre. Pendant qu'il s'habilloit, il me récita des morceaux de la *Henriade*, des tirades de Vers allemands, me parla de chevaux et de chasse, fit quelques entrechats et quelques pas de rigaudon à la Balon et m'entretint de Politique, de Mathématiques, de Peinture, d'Architecture, de Littérature et de Militaire. Je restois immobile, j'écoutois avec un silence tranquille, j'admirois tout jusqu'aux transitions heureuses qu'il faisoit pour passer si rapidement d'une matière à l'autre. » (Cf. Bielfeld : *Op. cit.* I, 70 et suiv.)

(67) Cf. Ibid. I, p. 72 et suiv.
(68) Cf. Ibid. I, p. 75 et suiv.
(69) Cf. Ibid. I, p. 82.

(70) Nous lisons en effet dans les instructions données par Frédéric-Guillaume aux maîtres de son fils, qu'on avait ordre d'inspirer au Prince le dégoût des opéras, des comédies et des autres vanités mondaines. «... von denen Opern, Comedien und andern weltlichen Eitelkeiten abzuhalten und Ihn so viel möglich einen Degout davor zu machen. » (C f. Förster : *Op. cit.* I, 354.)

(71) Cf. Formey : *Souvenirs d'un citoyen*, I, 37.

(72) Cf. Fleury : *Mémoires*, I, 332 et suiv.

(73) Cf. Catt (Heinrich von) : *Unterhaltungen mit Friedrich dem Groszen Memoiren und Tagebücher*, passim.

(74) Cf. Lettre de La Motte-Fouqué à Frédéric. 27 avril 1760.

(75) Cf. Lettres de Frédéric à M. de Suhm, 12 septembre 1737 ; à la Margrave de Bareith, 25 septembre 1737.

(76) Cf. Lettre de Frédéric à la Margrave de Bareith. 22 mars 1738.

(77) Cf. Lettre de Frédéric à Voltaire. 28 mars 1738.

(78) Cf. Lettre de Frédéric à Voltaire. 15 avril 1740. Dans cette lettre, le Prince appelle *la Prude, la Dévote*.

(79) Cf. Lettre de Frédéric à Voltaire, 18 mai 1740.

(80) Le théâtre qu'on voit aujourd'hui fut construit après la guerre de Sept ans par le Prince Henry de Prusse. On sait qu'à partir de l'année 1752, Rheinsberg fut habité par le frère de Frédéric le Grand. Le Prince Henry eut aussi sa Comédie française. Nous en parlerons au tome III de notre étude.

(81) Une lettre de Voltaire à Cideville (La Haye, 27 juin 1743) fait supposer que *La Mort de César* fut représentée à Rheinsberg en 1743. Deux ans plus tard, *Britannicus* y fut donné. Le Baron de Bielfeld jouait le rôle de Néron et la Princesse Amélie, sœur du Roi, interprétait Agrippine « avec un succès merveilleux ». (Cf. Bielfeld : *Op. cit.* II, p. 243.)

CHAPITRE II

LA COMÉDIE FRANÇAISE A LA COUR DE FRÉDÉRIC II

1740-1756.

---

(1) SOURCES : Kgl. Geheim. Staats-Archiv (Berlin Klosterstrasse) : König. Man. Boruss. Fol. 295. R. 92 König 295 ; Acta des Kabinets König Friedrich's II. Rép. 96, 401 T. ; General « Domainen-Cassen » Etats. N° 13 ; Collection de manuscrits provenant de la bibliothèque de la Reine Sophie-Dorothée. R. 94, IV, K. c. n° 3. — Frédéric II : *Correspondance* de 1740 à 1756. — Voltaire : *Correspondance* de 1740 à 1756. — Argens (Marquis d') : *Histoire de l'Esprit humain ou Mémoires secrets et universels de la République des lettres.* — Cochois (Mlle Babet) : *Lettres philosophiques et critiques par Mlle C*** avec les réponses de M. le marquis d'Arg***.* — Dancourt (L. II.) : *Arlequin de Berlin à M. J.-J. Rousseau, Citoyen de Genève.*
A CONSULTER : Preusz : *Op. cit.* — Koser (R.) : *Friedrich der*

Grosze. Tome I. — Desnoiresterres (G.) : *Voltaire et la Société française au xviiie siècle. Voltaire et Frédéric.* — Plümicke (C. M.): *Op. cit.* — Schneider (L.) : *Op. cit.* — Brachvogel : *Op. cit.* Nous indiquerons en notes les autres références.

(2) Kgl. Geheim. Staats-Archiv (Berlin Klosterstrasse) Acta des Kabinets König Friedrich's II, Rep. 96, 401 T.

(3) Jean Sauvé dit De La Noue est né à Meaux le 20 octobre 1701. Le cardinal de Bissy qui l'avait pris sous sa protection, lui fit commencer ses classes au collège des Chanoines réguliers de Sainte-Geneviève et l'envoya plus tard faire ses humanités au collège d'Harcourt. Selon une tradition peu vraisemblable, le jeune homme, dépité de n'avoir pas obtenu une place de précepteur chez M. de Brou, ancien Garde des Sceaux, aurait renoncé à l'enseignement pour entrer au théâtre. Ce qui est certain, c'est que dès l'âge de vingt ans il débutait à Lyon dans les premiers rôles de tragédie. Après avoir appartenu à la Comédie de Strasbourg, il s'associa avec une de ses camarades, Mlle Gauthier, et dirigea successivement les scènes de Rouen, de Douai et de Lille.

En mai 1742, De La Noue fut appelé à Paris et joua devant la Cour à Fontainebleau le rôle du *Comte d'Essex*. Il eut le bonheur de plaire à la Reine Marie Leczinska qui le fit recevoir à la Comédie française. Il y resta jusqu'en 1757 et mourut le 15 novembre 1761.

En 1746, De La Noue avait été nommé répétiteur des spectacles des Petits Appartements. Le Duc d'Orléans, qui l'honorait aussi de ses faveurs, le chargea de diriger le théâtre de Saint-Cloud.

Durant sa carrière de directeur et d'acteur, De La Noue trouva le temps de composer plusieurs ouvrages en prose et en vers, dont plusieurs furent représentés avec succès. Citons parmi les plus applaudis : *Les Deux Bals* (Strasbourg, 1734) ; *Le Retour de Mars* (comédie italienne, 1735) ; *Mahomet II* (comédie française, 1739) ; *Zéliska* (comédie-ballet donnée à la Cour le 3 mars 1746) ; *La Coquette corrigée* (comédie française, 1756).

(4) Cf. Lettre de Voltaire à De La Noue. 20 août 1740.

(5) Cf. Lettre de Frédéric à Voltaire. Remusberg. Octobre 1740.

(6) Cf. Lettre de Voltaire à Frédéric. La Haye. 17 octobre 1740.

(7) Cf. Lettre de Frédéric à Voltaire. Remusberg. 26 octobre 1740.

(8) Cf. Lettre autographe de De La Noue à M***. Lille, 3 janvier 1741. Col. Laverdet. Catalogue du 23 novembre 1861.

(9) Voici ce que Schäffer et Hartmann disent de cette salle de spectacle :

« Während des Baues des Opernhauses richtete von Knobelsdorff im mittelsten Quergebaüde des königlichen Schlosses, gerade über dem gewölbten Durchgange, welcher aus dem ersten Hofe in den zweiten führt, ein Theater her, das « Komödiensaal auf dem Schlosse » genannt wurde. Der Zuschauerraum lag nach der Seite der Breiten Strasse zu. Das ganze Theater ist seit 1805 abgerissen. Es war nur klein, hatte aber doch zwei Reihen Logen, die sehr weit hinter das Parterre zurücktraten. Nur 8 Bänke hatten ausser den für den König bestimmten Vorderplätzen im Parterre Raum während eine Grosse Mittelloge für die Königin und die Prinzessinen, 10 Seitenlogen für den Adel und der zweite Rang für Eingeladene aus der Stadt bestimmt war. » (Cf. Schäffer und Hartmann. *Op. cit.* p. 274.)

(10) Cf. Lettre de Frédéric à Voltaire. Potsdam, 18 novembre 1742.

(11) Cf. Lettre de Voltaire à Frédéric. Bruxelles, novembre 1742.

(12) Cf. Lettre de Voltaire à Frédéric. Paris, 15 mai 1742.

(13) Cf. Lettre de Voltaire à Frédéric. Bruxelles, novembre 1742.

(14) Kgl. Geheim. Staats-Archiv (Berlin Klosterstrasse) König. Manussi. boruss. Fol. 295. R. 92. König 295.

(15) Cette seconde lettre est publiée dans la *Correspondance* de Frédéric avec d'Argens. (Edition Decker.)

(16) Dans une lettre au comte d'Argental datée du 15 mars 1751, Voltaire parle de Rosembert en des termes peu flatteurs. C'est, dit-il, « un mauvais comédien souffert à Berlin » ; il est juste d'ajouter que Rosembert avait un grand défaut aux yeux du poète : il était l'ami d'Arnaud Baculard.

(17) Cf. Plümicke : *Op. cit.* p. 145.

(18) Cf. *Dictionnaire des Théâtres*, II, 107.

(19) Cf. *Mémoires pour servir à l'Histoire des Spectacles de la Foire*, I, 223.

(20) Opéra comique de Lesage et d'Orneval.

(21) Son mari était mort en province. Cf. *Mémoires pour servir à l'Histoire des Spectacles de la Foire*, I, 223.

(22) Kgl. Geheim. Staats-Archiv. Manuscrits provenant de la bibliothèque de la Reine Sophie-Dorothée (R. 94, IV, K. c. n° 3); III, 224.

(23) Cf. *Lettres philosophiques et critiques de Mlle C***, Op. cit.* Lettre VII. Cf. également : *Le Comte de Ronancourt, nouvelle françoise*, par Mlle Cochois, passim.

(24) Et même de danser dans les ballets. Le nom de Babet Cochois figure en effet dans les comptes des sœurs Hauchecorne, costumières de l'Opéra royal. Voyez plus bas ch. IV, note 16.

(25) Cf. Plümicke : *Op. cit.* p. 145.

(26) Parmi les tableaux où Pesne a représenté Mlle Cochois, nous citerons deux toiles du Potsdamer Stadtschloss.

La première se trouve dans la Salle de concert, au-dessus du clavecin. Au premier plan, la jeune actrice vêtue de bleu est assise avec ses camarades et regarde danser sa sœur Marianne.

La seconde (cadre d'argent massif) est accrochée au-dessus de la cheminée du Theezimmer. Babet et sa sœur sont assises et regardent danser la Barberina.

La Bildergalerie de Sans-Souci possède un François de Troy représentant une tragédienne dans le rôle de Sophonisbe. Le catalogue désigne ce tableau comme un portrait de Babet Cochois. Le Docteur Paul Seidel fait judicieusement remarquer que cela est inadmissible. La toile est datée de 1723 et Mlle Cochois n'était pas née à cette époque. — (Cf. Dr P. Seidel : *Friedrich der Grosze und die französische Malerei seiner Zeit*, p. 58.)

(27) Cf. Dieudonné Thiébault : *Op. cit.* V, 352 et suiv.

(28) Dans l'*Histoire de l'Esprit humain* (IV, 283) d'Argens cite plusieurs passages de Properce traduits par sa femme.

(29) Voici cette imitation de Mlle Cochois :

« DAPHNIS.

Quand vous m'aimiez, Lydie, et que l'indifférence
Ne m'avoit point encor banni de votre cœur,
Que votre âme pour moi fixoit son inconstance,
Un sceptre n'auroit pas augmenté mon bonheur.

LYDIE.

Quand je pus à Daphnis me flatter d'être aimable,
Tant que son cœur n'a point brûlé de nouveaux feux,
Que Lydie à Chloé lui sembloit préférable,
Le sort de Vénus même étoit moins glorieux.

DAPHNIS.

Pour la belle Chloé d'une ardeur éternelle,
Ouï, mon tendre cœur brûle et veut brûler toujours.
Je donnerois mon sang pour la rendre immortelle,
Si le cruel destin en vouloit à ses jours.

LYDIE.

Le cœur de Calaïs fait toute mon envie.
Il paroit à mes yeux le plus beau des humains,
J'abrégerois mes jours pour prolonger sa vie,
Si ma mort le mettoit à l'abri des destins.

DAPHNIS.

Mais si le même Dieu, qui nous fut favorable,
Vouloit nous réunir par un plus fort lien ;

Si mon cœur dans Chloé ne trouvoit rien d'aimable,
S'il faisoit d'être à vous son plus sensible bien...

LYDIE.

Vous ressemblez, Daphnis, à la mer orageuse,
Et quoique Calaïs soit plus beau que le jour,
Avec vous je vivrois et je mourrois heureuse,
Si pour moi vous aviez un véritable amour. »

(30) Cf. Dieudonné Thiébault : *Op. cit.* V, 352 et suiv.

(31) Cf. *Lettres philosophiques et critiques de Mlle C***. Op. cit.* Lettre I.

(32) Cf. *Ibid.* Lettre II.

(33) Cf. *Ibid.* Lettres XI à XVI. D'Argens y étudie et y compare entre eux les théâtres français, italien, anglais, espagnol et allemand. Dans la lettre XXIV, Mlle Cochois traite du roman contemporain (Prévost et Marivaux).

(34) Cf. *Ibid.* Lettre IV. Dans cette lettre, Mlle Cochois discute les témoignages d'Hérodote sur la naissance et sur l'avènement de Cyrus.

(35) Cf. *Ibid.* Lettres V et VI, où d'Argens et Mlle Cochois se demandent « s'il y a rien de plus à plaindre qu'une personne dans les fers de l'Amour ».

(36) Dans l'Epître dédicatoire de ce livre, d'Argens fait à Frédéric l'éloge de sa jeune collaboratrice. « A peine dans son aurore de la Littérature », écrit le Marquis, cette jeune fille « a déjà été applaudie de plusieurs savans distingués qui ont bien voulu l'encourager par des éloges qu'ils lui ont donnés dans leurs ouvrages. »

(37) Voici le titre exact de ce traité : « *Pensées diverses sur les infortunes des hommes, sur l'origine du Mal, sur l'Existence de Dieu, sur la création de la Matière et sur la manière dont notre Ame agit sur notre Corps et dont notre Corps agit sur notre Ame.* » Après avoir lu ces *Pensées diverses*, d'Argens félicita Mlle Cochois d'avoir

« mis dans quinze ou vingt pages plus de vérités que bien des gens, qui font de gros Livres et qui passent pour philosophes, n'en mettent dans d'énormes Volumes. »

(38) Dans cette dissertation, Mlle Cochois blâme La Bruyère d'avoir écrit que le fard rendait les femmes « affreuses et dégoutantes ». Certes il ne faut pas « s'enluminer » ; mais un œil de poudre, un doigt de rouge donnent des charmes et du piquant à la physionomie. Quelques hommes « protestent sérieusement contre tout l'artifice », dont usent leurs maîtresses pour « se rendre laides » ; ils ne semblent guère se douter que souvent « ils perdroient les biens dont ils jouissent s'ils voyoient les choses telles qu'elles sont et que leur curiosité seroit la cause de la fin de leur amour. »

(39) D'Argens nous dit lui-même que le Roi consentit à son mariage, et dans des lettres datées de 1761 et de 1762, Frédéric demande au Marquis en termes affectueux des nouvelles de sa femme. On ne saurait donc ajouter foi au singulier roman imaginé par Dieudonné Thiébault. A en croire l'auteur des *Souvenirs*, le mariage de Mlle Cochois aurait été contracté pendant la guerre de Sept ans, à l'insu du Souverain.

« Après la paix, écrit Thiébault, il fallut bien se résoudre à le déclarer, affaire vraiment délicate, dans laquelle intervinrent tous ceux qui tenaient à la Société philosophique de Sans-Souci. Après avoir bien discuté tous les moyens de dire le mot fatal, il fut décidé que la marquise irait se promener dans les jardins de Sans-Souci à l'heure où le monarque avait coutume d'y prendre l'air ; que sa toilette serait assez soignée pour attirer l'attention, mais noble et très décente ; et que mylord Marschal se chargerait du reste. Ce plan fut suivi : le mylord, qui accompagnait Frédéric dans sa promenade, en passant par une allée peu distante de celle où était la marquise, la salua comme on salue une dame que l'on connait et que l'on respecte. Ce salut fit naître la question que l'on avait prévue : Qui est cette dame ? Mylord Marschal répondit simplement et avec une sorte de négligence que c'était la marquise d'Argens. « Comment ! reprit le monarque surpris et d'un ton sévère, est-ce que le marquis est marié ? — Oui, Sire. — Et depuis quand ? — Depuis quelques années. — Et quoi, sans m'en avoir parlé ? — C'était pendant la guerre, et alors on n'eut osé importuner Votre Majesté de semblables bagatelles. — Et qui donc a-t-il épousé ? — Mademoiselle Cochois. — Mademoiselle Cochois ! C'est une extravagance que je ne souffrirai pas ! » Il fallut du temps et beaucoup de zèle pour calmer l'âme indignée du roi. Tandis que tous ceux qui entouraient ce monarque y travaillèrent, le marquis ne fut point appelé et ne se présenta point. Enfin Frédéric prit son parti, revit d'Argens comme auparavant, mais ne lui parla pas de sa femme. » (Cf. Dieudonné Thiébault : *Op. cit.* V, 352 et suiv.)

Nous ignorons de qui Thiébault tenait cette histoire invraisemblable. Le mariage de d'Argens était si peu caché qu'en 1752, le comédien Desormes écrivait à Fréron :

« ... Il (le Marquis) vit ici avec une épouse charmante qui rassemble en elle toutes les grâces de son sexe, toute la solidité du nôtre et tous les talens du cabinet et de la société.... Elle est douce, modeste ; elle se met au niveau de tous les esprits et de tous les tons, et les autres femmes la prennent pour leur égale. » Cf. Fréron : *Lettres sur quelques écrits de ce temps*, X, 109 et 110.)

(40) Cf. D'Argens : *Histoire de l'Esprit humain*, XII, 381.

(41) Cf. Lettre de d'Argens à Frédéric. Paris, 5 septembre 1747.

(42) Cf. Dieudonné Thiébault : *Op. cit.* V, 352 et suiv. Nous croyons devoir citer une lettre du Baron de Sweerts concernant le sieur Cochois. Cette lettre conservée aux Archives d'Etat est suivie d'une curieuse liste de décors et d'accessoires qui montrera au lecteur ce qu'exigeait la mise en scène d'une arlequinade.

« SIRE.

Le Baron de Pöllnitz m'a mandé que Vostre Majesté vouloit pour Mercredi prochain une Comédie où Arlequin fît beaucoup de jeu, celle qui se nomme *Empereur de la Lune* * ou *Apprenti Philosophe* ** ou une

---

* *Arlequin Empereur dans la lune*, com. en trois actes en prose, par Fatouville (1684).

** *Arlequin Apprenti philosophe*, com. en trois actes, en vers libres, par Davesne (1733).

autre. J'ai d'abord tâché de mettre tout en ordre, pour obéir à Votre Majesté, mais comme la Représentation de celle qui est la plus divertissante ne se peut donner sur le petit Théâtre et que la dépense du mémoire cy-joint se monte à plus de 150 écus, j'ai trouvé nécessaire de l'en informer avant de rien entreprendre. Couchoy m'a assuré que dans celle qu'il voudroit donner mercredi prochain, il y avoit beaucoup plus de jeu que dans *l'Arlequin Apprenti philosophe*, dont les rôles ne peuvent être copiés et appris jusqu'à ce tems-là ; cette pièce s'appelle *l'Embarras des Richesses* * ou d'un Trésor que Plutus donne à garder à Arlequin. Il espère même qu'elle amusera Vostre Majesté et j'attends ses ordres dans les sentiments, etc., etc. »

Berlin ce 28 de Febvrier 1743.

Baron DE SUERTS.

« Mémoire par la Comédie intitulée *Arlequin Empereur de la Lune*.

ACTE I^{me}.

Décoration : chambre.

Une Table quarrée entourée de drap vert, couverte de meme, dont le Couvert se puisse lever.

ACTE IIme.

Décoration : la Ville.

Une petite Charette à Brancard, dont les Cotés se baissent, et sur le derrière, un Espèce de chaise à l'Italienne attelée d'un âne.

Un Porte-Voix.

ACTE IIIme.

Décoration : la Chambre dont le fond est une Tapisserie peinte, comme de haute lisse, découpée pour ÿ ranger quatre Personnes en Niches. Une chaise à Porteur à deux Battans, peinte en dedans côme une Boutique d'Apoticaire.

Une montagne Elevée jusqu'au nuage, qu'on puisse monter et descendre facilement.

Une grande Lune tout en haut entourée d'Etoiles.

Un petit Palais derrière, d'azur et de 6 ou 7 pieds de haut.

---

* *L'Embarras des Richesses*, com. en trois actes, en prose, par d'Allainval (1725).

Les signes du Zodiaque, peints chacun séparément sur de la toile, de 4 pieds de haut.
Vingt quatre chevaux d'Osier pour la calvacade du Tournois. Trente-six lances.
Fabris (décorateur) demande quinze jours pour arranger tout cecy. » (Kgl. Geheim. Staats-Archiv (Berlin Klosterstrasse) König. Man. Borussa. Fol. 295. R. 92. König. 295.)

(43) Parmi les artistes qui étaient restés au service de la Cour, se trouvaient Mme Hauteville et Babet Cochois. (Cf. Lettre de Frédéric à Voltaire. Berlin, 18 décembre 1746.)

(44) «... Quant à la Comédie française, écrit d'Argens à Frédéric, je la trouve tombée affreusement. La Dumesnil, si vantée par M. de Voltaire, a une voix sépulcrale et est outrée très souvent ; la Gaussin est jolie, mais elle n'a que certains rôles tendres, elle est dans les autres au-dessous du médiocre ; la Carville a des entrailles, mais elle ne raisonne pas assez ses rôles. Ces comédiennes sont toutes aussi éloignées de la Lecouvreur et de la de Seine que l'hysope est au-dessous du cèdre. Quant aux acteurs, Grandval joue médiocrement le tragique et divinement bien les petits maîtres amoureux ; La Noue serait un grand comédien, si une figure affreuse ne gâtait pas les talents qu'il a. Tous les autres comédiens sont ou médiocres ou mauvais... » (Cf. Lettre de d'Argens à Frédéric. Paris, 26 août 1747.)

(45) Cf. Lettre de d'Argens à Frédéric. Marseille, 25 septembre 1747.

(46) Cf. *Ibid.*

(47) Et il y a des inexactitudes : N. Josse Rousselois n'obtint jamais de *succès extraordinaire* à Paris, où il débuta à deux reprises : le lundi 12 mai 1738 par le rôle de Mithridate et le 14 mars 1745, par les rôles d'Orosmane (*Zaïre*) et de Nicodème (*Le Deuil*). Après son séjour à Berlin, cet acteur dirigea la scène de Metz. (Cf. *Dictionnaire des Théâtres*, IV, 536.)

Le Sieur Drouin, frère de la jeune actrice vantée par d'Argens, ne jouait pas les premiers rôles à la Comédie française. C'était un médiocre sujet. Il fit ses débuts le 20 mai 1744 dans *Amour pour*

Amour, comédie de La Chaussée, et fut reçu le 25 avril 1745. S'étant démis le tendon d'Achille, il dut renoncer au théâtre et se retira le 1ᵉʳ janvier 1755. (Cf. Lemazurier : *Galerie historique des Acteurs du théâtre français*, I, 237.)

(48) Cf. Lettre de d'Argens à Frédéric. Marseille, 27 septembre 1747.

(49) Cf. Plümicke : *Op. cit.* p. 146.

(50) Le séjour d'Angélique Drouin en Prusse ne fut en tout cas que de courte durée. En 1750, la jeune actrice jouait au théâtre de Lyon alors dirigé par Préville. Elle eut l'heur de plaire à cet admirable comédien, qui l'épousa. En 1753 elle suivit son mari à Paris et y débuta dans *Inès de Castro*. Elle ne fut pas admise. Le lundi 5 juillet 1756, elle fit un second début qui fut plus heureux. (Stratonice de *Polyeucte*). L'influence de Préville la fit recevoir. Mademoiselle Drouin se retira en 1786. Sans être une artiste de premier ordre, elle se distingua toujours par la correction de son jeu et par la netteté de sa diction. Après s'être fait longtemps applaudir dans les *coquettes*, elle aborda les rôles de *mères* et y fut excellente. Sa création de Lady Alton dans *l'Ecossaise* compte parmi les meilleures de sa carrière. (Cf. Lemazurier: *Op. cit.* II, 324 ; Manne (Ed. de) : *Galerie historique des Comédiens françois de la troupe de Voltaire*, p. 168.)

(51) On n'a pas de renseignements sur ce personnage qui procurait à Frédéric des danseurs, des comédiens et des tableaux. Il avertissait le Roi des ventes qui avaient lieu à Paris et exécutait ses ordres. En 1755, il expédia à Berlin le catalogue de la célèbre collection Pasquier.

(52)

« ..... M. Petit, écrit d'Argens à Frédéric, m'a fait voir une femme qu'il voulait engager pour jouer les rôles de Reine et les caractères. Elle n'est pas d'une figure brillante, ni même jolie ; mais elle n'est pas bien laide. Je l'ai entendue déclamer quelques vers avec bon sens et elle a joué une scène comique avec beaucoup de feu. Elle voulait mille écus ; j'ai mis cela à six cents écus et j'ai signifié à M. Petit que je ne signerais pas autrement son engagement. Je regarde cela comme une affaire faite et Votre Majesté l'aura à son service. Petit m'a encore présenté deux jeunes gens pour jouer des confidents dans le tragique et des seconds amoureux ; j'en ai été extrêmement content. Ils sont jeunes, d'une jolie figure, ils ont de la voix et de l'intelligence ; je les ai entendus déclamer deux ou trois scènes, et, quoiqu'ils ne se donnent que pour des confidents, je les ai trouvés aussi bons, et peut-être meilleurs que Desforges et Rosembert ; du moins ils jouent avec plus d'esprit et de vérité. Je leur ai offert quatre cents écus et j'ai déclaré qu'autrement je ne prenais aucunement part à leur engagement. Nous trouverons dans le courant de la semaine les deux confidentes dont nous avons encore besoin pour rendre la troupe de Berlin la plus complète et la meilleure de l'Europe. M. Darget m'écrit là-dessus les volontés de Votre Majesté et je veux engager, pour le même prix que les confidents, deux jeunes filles jolies qui aient des talents et de la vertu, car si je prenais des catins, elles déserteraient ou elles mettraient encore le désordre dans la troupe.... » (Cf. Lettre de d'Argens à Frédéric, Paris, 3 novembre 1747.)

(53) Cf. Lettre de Darget à Frédéric, Berlin, 20 mai 1749, et lettre de Frédéric à Darget, ce 24 mai 1749.

(54) Cf. Lettre de Voltaire à Madame Denis, Berlin, 12 septembre 1750.

(55) A en croire Bielfeld, le prince Auguste Guillaume « jouoit... les grands rôles comiques, avec un art et un naturel qui enlevoit tous les suffrages. » (Cf. Bielfeld : *Lettres familières*, Op. cit. II, 408 et 409.)

(56) Cf. *Journal et Mémoires* de Collé. Edition Bonhomme, I, 273. Cette anecdote est racontée différemment par l'abbé Duvernet dans sa *Vie de Voltaire* (Genève 1786) : au lieu de tailleurs, ce sont des soldats qui font l'office de figurants. Le poète, impatienté de la gaucherie de ces braves gens, se serait écrié : « Foutre ! j'ai demandé des hommes et on m'envoie des Allemands ! » — ce qui eût beaucoup fait rire l'auditoire.

(57) Dans *Rome sauvée*, Voltaire joua lui-même le rôle de Cicéron. Collini, qui assistait à la représentation, rapporte l'anecdote suivante :

« Il (Voltaire) mettait dans sa déclamation tout l'enthousiasme poétique et cet enthousiasme souvent paralisait ses moyens. Je le vis jouer à Berlin le rôle de Cicéron dans *Catilina ou Rome Sauvée* avec des princes. Aux reproches que Catilina fait au consul dans ces deux vers :
Vous abusez beaucoup, magistrat d'une année,
De votre autorité passagère et bornée,
le consul répond :
Si j'en avais usé vous seriez dans les fers,
Vous l'éternel appui des citoyens pervers.
Voltaire commença cette réponse avec tant de véhémence que la voix lui manqua et qu'il ne fut pas possible d'entendre cette belle tirade, qui est de plus de trente vers. » (Cf. Collini : *Mon séjour auprès de Voltaire* p. 291.)

(58) Cf. Lettre de Voltaire au Comte d'Argental, Potsdam, 15 octobre 1750, lettre de Voltaire à Madame Denis, Potsdam, 6 novembre 1750.

(59) Cf. Lettre de Voltaire au comte d'Argental, Potsdam, 11 décembre 1750.

(60) Un élève de l'Ecole militaire, nommé Mingard, adressa à Voltaire le quatrain suivant pour lui témoigner son envie d'être admis aux spectacles de la cour et de voir Nanine :

« Ne pouvant plus gourmander
Le goût qui me domine,
Daignez, Seigneur, m'accorder
Un billet pour voir Nanine. »

Le poète répondit :

« Qui sait si fort intéresser
Mérite bien qu'on le prévienne ;
Oui, parmi nous viens te placer,
Nous dirons tous : qu'il y revienne. »

(Cf. *Mémoires secrets*, V, 128.)

(61) En distribuant les rôles de *Mariamne*, Voltaire avait confié à d'Arnauld le personnage d'un garde, qui n'a que cinq vers à dire.

« L'auteur du *Mauvais riche*, écrit Thiébault, peu flatté d'avoir un rôle aussi insignifiant, débita ces vers avec froideur et insouciance ; et Voltaire indigné lui en fit un reproche amer. « Ce rôle-là ne mérite rien de plus, répliqua d'Arnauld ; pour deux mots aussi peu marquants, quelle déclamation ne serait pas ridicule ? — Ce rôle, reprit Voltaire, est encore au-dessus de vos talents. Vous ne savez même pas dire ces deux mots comme il convient ! » Et là-dessus, il se met à lui prouver que c'est sur ces deux mots que porte tout le nœud de la pièce et qu'enfin c'est le rôle le plus important... » (Cf. Dieudonné Thiébault : *Op. cit.* V, 253.)

(62) On sait que *Le Duc d'Alençon* n'était qu'une adaptation en trois actes du *Duc de Foix*.

(63) Cf. Lettre de Voltaire à la Margrave de Bareith. Berlin, 6 janvier 1751. (*Revue française*, 1ᵉʳ novembre 1865.)

(64) Cf. Lettre de Voltaire au Comte d'Argental, 9 janvier 1751.

(65) Cf. Lettre de Voltaire à Madame Denis, Berlin, 12 janvier 1751.

(66) Cf. Lettre de Voltaire à la Margrave de Bareith, 30 janvier 1751. (*Revue française*, 1ᵉʳ novembre 1865.)

(67)

COMPTES DE LA COMÉDIE FRANCAISE
Von Trinitatis 1750 bis Trinitatis 1751.

COMEDIANTEN

		R.	g.	
1	Mons. la Motte	600	»	»
2	Marville	500	»	»
3	Rosembert.	800	»	»
4	Duportail.	800	»	»
5	D'hervieux	100	»	»
6	Neveu	100	»	»
	Summa.	2.900	»	»

COMEDIANTINNEN

		R.	g.	
1	Mademoiselle Simiane.	300	»	»
2	» Rosalie Giraud.	200	»	»
3	~~Madame la Motte. . . . . . .~~	~~600~~	~~»~~	~~»~~
4	» Rousellois, vacant. . . .	1000	»	»
		1.500	»	»
		~~2.100~~		

Chartenier, souffleur, recevait 60 R.
(Kgl. Geheim. Staats-Archiv. (Berlin Klosterstrasse) General « Domainen-Cassen », Etats, N° 13.

(68) Cf. Plümicke : *Op. cit.*, p. 145, Duportail, d'Hervieux, Neveu et Mademoiselle Simiane figuraient dans les ballets de l'Opéra.

(69) Kgl. Geheim. Staats-Archiv. (Berlin Klosterstrasse) König. Manusi. boruss. Fol. 295. R. 92. König 295.

(70) Ibid.

(71) Kgl. Geheim. Staats-Archiv. (Berlin Klosterstrasse) Acta des Kabinets..... König Friedrich's II. Rep. 96, 401 T. La lettre de de Swëerts est datée du 11 décembre 1754.

(72) Cf. Plümicke : *Op. cit.*, p. 146.

(73) Cf. Fréron : *Lettres sur quelques écrits de ce temps, Op. cit.*, II, 272 et III, 186. Desormes était ami de La Mettrie. Il composa les vers suivants qui furent mis au bas d'un portrait du philosophe gravé par Schmidt :

« Sous ces traits vifs tu vois le Maître
Des Jeux, des Ris et des bons mots.
Trop hardi d'avoir de son être
Osé débrouiller le cahos,
Sans un Sage il était la victime des sots. »

(Cf. *Lettres sur quelques écrits de ce temps*, X, 109.)

(74)
COMPTES DE LA COMÉDIE FRANÇAISE
Von Trinitatis 1755 bis Trinitatis 1756.

COMEDIANTEN

	R.	g.
Mons. Dubois vacant.	158	14	»
» D'hervieux	100	»	»
» Neveu	100	»	»
den Arlequin Des Ormes.	1000	»	»
Mons. Soullé	875	»	»
Dancourt.	1000	»	»
Belissen.	800	»	»
Patras.	800	»	»
Summa.	4.833	14	

COMEDIANTINNEN

	R.	g.
Madame la Motte	600	»	»
Mad^{elle} Simiane.	200	»	»
Von der Melle Rosalie Giraud sind vacant	200	»	»
Madame Soullé	875	»	»
Mad^{elle} Minette Giraud.	800	»	»
Summa.	2.775		

Louvriers, souffleur, recevait 60 R.
(Kgl. Geheim. Staats-Archiv (Berlin Klosterstrasse) General « Domainen-Cassen », Etats, N° 13).

(75) Ce pamphlet est une réponse à la *Lettre sur les spectacles* de Jean-Jacques Rousseau. L'auteur y réfute le philosophe de Genève avec beaucoup de verve et d'esprit. Sa plume n'est pas toujours très respectueuse et manque souvent de modestie, mais il y a de la bonne humeur dans ce plaidoyer *pro domo*.

(76) Cf. *Arlequin de Berlin à M. J.-J. Rousseau*, par H. L. Dancourt, *Op. cit.*, p. 112 à 116.

(77) Frédéric aimait peu Marivaux :
Dans l'*Epître sur les voyages* adressée à M. de Rottembourg, le Roi dit en parlant d'un juge postulant qui est allé étudier à Paris et qui n'a pas tiré grand profit de son séjour en France :

« Il a pris ses degrés et soutenu ses thèses
A l'Université des coulisses françaises ;
De crainte que Cujas ne gâta son cerveau,
Il ne lut que Mouhi, Moncrif et Mariveau. »

Dans le *Palladion* (chant IV), Frédéric place *Le Paysan parvenu* parmi les romans

« . . . . qu'on vend et qu'on vendra
A nos oisons, aux badauds imbéciles,
Tant qu'à Paris des nigauds on verra. »

Enfin à la scène III du *Singe de la mode*, nous voyons Marivaux figurer au nombre des auteurs « qu'au palais on reverre ».

(78) L'autographe du *Singe de la mode* appartenait aux héritiers de Madame la Comtesse d'Itzenplitz. La comédie du roi fut publiée pour la première fois par Rodolphe Decker en 1850. (*Œuvres* de Frédéric le Grand, XIV, 277.)

(79) *L'Ecole du Monde* fut publiée pour la première fois dans les *Œuvres posthumes du roi de Prusse* (Edition de Bâle, 1788), IV, 349. On trouvera le texte de cette comédie dans l'édition Decker, XIV, 303.

(80) *L'Ecole du Monde* fut jouée cinq fois : le 16 et le 18 mars 1748, le 2 juillet et le 5 novembre 1749, le 25 juin 1750.

(81) *Les Embarras de la Cour* ne semblent pas avoir été imprimés. Ils ne figurent pas dans la liste que d'Argens a donnée de ses ouvrages.

(82) Cf. Lettre de Frédéric à Voltaire, Potsdam, 6 avril 1743.

(83) Voici une épigramme sur *Les Embarras de la Cour*. Elle fut attribuée à la Duchesse de Würtemberg. (Cf. Lettre de Jordan à Frédéric, Berlin, 10 mai 1742.)

« Pourquoi d'Argens dans cette Comédie
Semble du rire ignorer les appas ?
C'est que jamais Philosophe en sa vie
N'a de la Cour mieux senti l'Embarras.

Pendant au croc toute Philosophie
Pour se livrer aux appas de l'Amour,
Frère d'Argens fit très haute folie
Et se rendit l'Embarras de la Cour.

Sur ce sujet jamais sa Comédie
N'a pû paroître au coin d'un bon auteur,
Ni réjouir malgré tout son génie
Un public las de rire de l'Auteur. »

(Kgl. Geheim. Staats-Archiv. (Berlin Klosterstrasse). Manuscrits provenant de la bibliothèque de la Reine Sophie-Dorothée. R. 94. IV, K. C. n° 3 III, 132.)

Le sujet indiqué par la duchesse de Würtemberg à d'Argens fut aussi traité par de Bielfeld. Le Baron écrivit d'abord sa pièce en allemand et la fit ainsi représenter. Il la traduisit ensuite en français. Les cinq actes du *Tableau de la cour* sont interminables et d'un comique laborieux. Cette pièce fut imprimée avec trois autres comédies du même auteur. (Cf. *Comédies nouvelles* de M. le Baron de Bielfeld, à Berlin, chez Etienne de Bourdeaux, libraire du Roy, 1753.)

CHAPITRE III

LA COMÉDIE FRANÇAISE

A LA COUR DE FRÉDÉRIC II

1763-1778

---

(1) SOURCES : Kgl. Haus-Archiv. (Charlottenburg) Acta betr. Theater-Angelegenheiten. F. 96. Uu. — Actes relatifs au Comte von Zierotin. Rep. XIX. — Kgl. Geheim. Staats-Archiv. (Berlin Klosterstrasse). Acta des Kabinets König Friedrich's II. Rep. 96. 401. T. — Dramatisches. Rep. 9. L. L. 7. C. — Kabinet Befehl an den Directeur des Spectacles von Arnim. Rep. 94. IV. L. d. 35. — Frédéric II : *Correspondance* de 1763 à 1778. — Voltaire : *Correspondance de 1763 à 1778.*

A CONSULTER : Preusz : *Op. cit.* — Plümicke : *Op. cit.* — Schneider (L.) : *Op. cit.* — Brachvogel : *Op. cit.* — Nous indiquerons en note les autres références.

(2) Pöllnitz ne dirigea d'abord la Comédie française que par intérim. C'est seulement le 28 octobre 1764 qu'il fut officiellement nommé Directeur des spectacles.

(3) Cf. Lettre de d'Alembert à Mademoiselle de Lespinasse, 1ᵉʳ août 1763. (*Trois mois à la Cour de Frédéric*. Lettres inédites de d'Alembert publiées et annotées par G. Maugras.)

(4) Brachvogel : *Op. cit.*, p. 184.

(5) Cf. *Œuvres* de Frédéric le Grand. Edition Decker. XIII, 10. Ajoutons qu'au commencement de l'année 1765 le Roi fit faire de nouveaux engagements. Le 20 mars, le Comte Golowsky écrit à Frédéric :

« ..... J'ai selon les ordres de Votre Majesté traité avec le sieur d'Aubecourt en lui proposant huit cent écus d'appointemens ; j'ai offert à sa femme, dont monsieur Toussaint ma dit avoir ouï beaucoup d'elloges les mêmes appointemens, qu'ont les premiers acteurs de la troupe de Votre Majesté.... » (Lettre du Comte Golowsky au Roi. Kgl. Geheim. Staats-Archiv. (Berlin Klosterstrasse). Acta des Kabinets König Friedrich's II. Rep. 96. 401. T.)

Pendant deux ans, Golowsky seconda Pöllnitz dans la direction des spectacles. Agacé des « tracasseries » que lui causait son emploi, le Comte quitta Berlin et se rendit à Paris pour s'occuper de l'éducation de ses enfants. Il était ami de J.-J. Rousseau. (Cf. Dieudonné Thiébault : *Op. cit.* III, 54.)

(6) Cf. Lettre de Frédéric à l'Electrice Antonie de Saxe, 30 janvier 1765.

(7) Cf. Lettre de Frédéric à l'Electrice Antonie de Saxe, 11 mars 1765.

(8) Cf. Lettre de Frédéric à Pöllnitz. Berlin, 17 janvier 1767. (Preusz : *Op. cit. Urkundenbuch.* III, 136.)

(9) Le père de ce Fierville était un acteur médiocre de la Comédie française. Il avait débuté le 18 mai 1733 dans le rôle de Palamède (*Electre* de Crébillon) et avait reçu son congé le 24 janvier 1741. Il n'était supportable que dans les *paysans*.

Fierville *fils* appartint d'abord à la troupe de la Margrave de Bareith. En juin 1755, il eut l'honneur de jouer aux Délices. Voltaire écrivit de lui au Comte d'Argental :

« ... J'ai chez moi actuellement le fils de Fierville. Il y a de quoi faire un excellent comédien, et s'il ne veut pas jouer tout les mots, il jouera très bien. Il a de la figure, de l'intelligence, du sentiment, surtout de la voix et un amour prodigieux pour ce malheureux métier si méprisé et si difficile...... » (Cf. Lettre de Voltaire au Comte d'Argental, 23 juin 1755.)

Après s'être marié, Fierville passa avec sa femme au service de Charles-Eugène. Ils y touchaient à eux deux 5000 guldens. Pöllnitz proposa à Frédéric de payer ces gages aux deux époux. Le Roi, comprenant que c'était à Fierville seul que le Baron voulait donner 5000 florins, tança vertement le Directeur des spectacles :

« ... Ne pensez pas au reste, lui écrivit-il, que sur Mes vieux jours Je suis assez fou pour donner 5000 fl. à un Comédien et Je ne comprens pas seulement comment Vous pouvez M'en faire la proposition...... » (Cf. Lettre de Frédéric au Baron de Pöllnitz. Potsdam, 22 février 1767.) (Preusz : *Op. cit. Urkundenbuch.* III, 137.)

Sur le séjour de Fierville à la Cour de Würtemberg, voir : Sittard (J.) : *Geschichte der Musik und des Theaters am Würtembergischen Hofe.* II, 58.

(10) Cf. Lettre de Frédéric au Baron de Pöllnitz. Potsdam, 6 février 1767. (Preusz : *Op. cit. Urkundenbuch.* III, 137.)

(11) Cf. Lettre de Frédéric au Baron de Pöllnitz. Potsdam, 19 octobre 1767. (Preusz : *Op. cit. Urkundenbuch.* III, 139.)

(12) Cf. Lettre de Frédéric au Baron de Pöllnitz. Potsdam, 29 février 1768. (Preusz : *Op. cit. Urkundenbuch.* III, 139.)

(13) Ce théâtre se trouvait Oranienburgerstrasse 82. (Cf. Schäffer und Hartmann: *Op. cit.*, p. 274.)

(14) Cf. Brachvogel : *Op. cit.*, p. 217.

(15) Cf. Plümicke : *Op. cit.*, p. 149.

(16) Ce nom est écrit avec des orthographes différentes : Idou Edoux et Hedoux.

(17) Cf. Plümicke : *Op. cit.*, p. 150 et 151.

(18) Cf. plus haut, Ch. II, p. 45.

(19) Blainville débuta à Paris le 3 septembre 1757. Suivant Boissy, le critique du *Mercure*, on lui trouva de l'âme et de l'intelligence en lui désirant plus de noblesse dans la figure et dans le jeu. Il se fit entendre successivement dans les rôles de Palamède (*Electre* de Crébillon), de Lusignan (*Zaïre*) et de Dorimond (*Cénie* de Madame de Graffigny). On le reçut à l'essai le 20 octobre. Il fut admis au nombre des sociétaires en 1758. (Cf. Lemazurier : *Op. cit.* I, 153.)

(20) Le Nouveau Palais fut commencé en 1763 et achevé en 1769. Frédéric y fit construire un théâtre. Cette salle existe encore ; elle n'offre rien de remarquable.

(21) Cf. Schäffer und Hartmann : *Op. cit.*, p. 274.

(22) Frédéric se plaignit sans cesse de la médiocrité des acteurs et ne leur ménagea pas ses critiques. (Cf. Lettres à d'Alembert, 8 janvier 1770 ; à l'Electrice de Saxe, 1ᵉʳ août 1770 ; au Comte von Zierotin, 23 février 1771 ; au Prince Henry 21 juillet 1771. Dans cette dernière lettre, Frédéric mande à son frère que Fierville a joué *Rhadamiste et Zénobie* « d'une façon à pouffer de rire ».)

Le 26 octobre 1769, à un spectacle de gala donné en l'honneur de l'Electrice Antonie de Saxe, la troupe de Fierville représenta un prologue en vers composé par le Roi. Ce prologue se terminait par « une sortie sur les comédiens ».

Après s'être déclarée impuissante à contenter l'auguste Princesse, qui lui faisait l'honneur de l'écouter, Thalie ajoutait :

« Il est dur d'ennuyer les Grands, que l'on respecte,
    Par de maussades histrions.
    Ah ! tout dégénère au Parnasse.
    Les Roscius et les Barons
    Etaient ma véritable race.
Ceux que vous allez voir en sont les avortons ;
Et quoique par mes jeux je n'ose me promettre
    Un suffrage bien mérité,
    Puisque le sort en est jeté,
Avancez, mes bâtards, il est temps de paraître. »
(Cf. *Œuvres* de Frédéric le Grand. Edition Decker. XIII, 18 et suiv.)

Le Roi reconnut cependant les qualités de Mademoiselle Edou. Il loua le talent de cette comédienne et lui fit même offrir la place d'*entrepreneur* au mois de février 1771. Elle ne l'accepta pas. (Cf. Lettres de Frédéric au Comte von Zierotin, 23 et 27 février 1771) (Preusz : *Op. cit. Urkundenbuch*, III, 148 et 149).

(23) Cf. Lettre de Frédéric au Baron de Pöllnitz. Potsdam, 15 juin 1770. (Preusz : *Op. cit. Urkundenbuch*, III, 143.)

(24) Le Comte von Zierotin Lilgenau fut nommé Directeur des spectacles au mois de février 1771. Le Roi lui écrivit :

« Je suis bien aise de voir par votre lettre du 16 de ce mois, que vous acceptez la Direction des Spectacles, que Je vous ai fait proposer. Vous ayant destiné cette place avec les appointements et dans la même qualité que feu le baron de Schweertz l'a occupée ci-devant, J'ai donné Mes ordres en conséquence pour l'expédition du Brevet. Sur ce, etc. » (Cf. Lettre de Frédéric au Comte von Zierotin Lilgenau. Potsdam, 17 février 1771.) (Preusz : *Op. cit. Urkundenbuch*. III, 148.)

(25) Voici les lettres patentes de Frédéric au Comte von Zierotin Lilgenau, dont les Archives de la Maison royale possèdent une copie :

FRÉDÉRIC PAR LA GRACE DE DIEU, & :

Ayant voulû en 1768 établir dans Notre Bonne Ville de Berlin Vne Troupe de Comédiens François pour Notre service et pour représenter sur Nos Théâtres à Nos Ordres et Volontés, comme aussi pour le Public sur vn Théâtre différent que ladite Troupe devoit se procurer pour y donner des représentations à son profit, Nous ordonnames à cet effet, le 25 de septembre de la même Année vn privilège relatif au nommé Fierville, Comédien François, qui n'ayant pas répondu à Notre attente et aux engagemens auxquels il étoit soumis, Nous oblige à déroger, comme nous dérogeons audit privilège, le rescindant et l'annullant. Nous le rescindons et annulons pour y substituer l'Établissement d'vne Troupe Nouvelle, sur vn pied fixe, solide et invariable, qui puisse entièrement remplir ce que Nous Nous sommes proposés à ce Sujet. Ouy à cette fin le Rapport de Notre Ami et féal Comte de Zierotin, Notre Chambellan et Directeur Général de Nos Spectacles et ayant avec luy arrêté le plan et le projet, ayant dit, statué et ordonné par ces présentes garnies de Notre grand sceau, disons, statuons, ordonnons et nous plait ce qui suit, Savoir :

Article I

Voulons que le dénomé Directeur Général de Nos Spectacles et Notre Chambellan Comte de Zierotin forme et lève sans la moindre perte de temps à Notre service, à Nos ordres et sous son Controlle jmmédiat vne troupe de Comédiens françois bien choisie et assortie en Acteurs et Actrices pour représenter sur Nos Théâtres toutes fois et quantes il en sera par nous ordonné, tant à Berlin qu'à Potsdam, et toute autre part à la suite de Notre Cour.

Article II

Pour faciliter à Notre Directeur Général du Spectacle susdit la levée de la même Troupe, nous consentons de payer les frais de voyage des Acteurs et Actrices qu'il aura choisis, et engagés à leur entrée et pour arriver dans notre capitale ; mais nullement et n'entendons point qu'il leur soit payé la moindre chose pour leur retour, ou à titre de dédomagement au cas que l'vn ou l'autre demande sa retraite ou ne trouve point Nôtre approbation et celle de Notre Directeur Général des Spectacles.

Article III

Pour pourvoir solidement à la base de l'entretien de cette Troupe, Nous luy accordons vne somme Annuelle de dix mille rixdalers de Nos propres deniers, Dont Notre Directeur Général des Spectacles aura la disposition, et en exécutera entre les Acteurs et Actrices et les besoins, le partage sur le pié et à l'Instar de ce dont Nous sommes convenus avec luy ; prélevant au préalable de son Total celle de Rx. mille par An pour suppléer à la Dépense de la Construction d'un Théâtre, achat de l'emplacement et adhérences suivant l'Explication, que Nous en donnerons à l'Article 6. A cet effet la somme sus-dite sera délivrée aux termes usitées à Notre Caisse Royale dans la quotité de 833 :/3 par Mois, ou sur les quittances du même Directeur Général de Nos Spectacles Comte de Zierotin, ou sur celles des gagistes de la Troupe et de l'Entrepreneur de la construction du Théâtre, Validées de son Visa, les dittes Quittances réunies sur vn état Émargé, dont la totalité ne surpasse point celles des Rx. 833 :/3 par mois désignés.

Article IV

Pour doter suffisament cette Nouvelle Troupe de moyens nécessaires à son établissement et à sa durée, en sus des dix milles Rixdalers susdits, Nous luy octroyons la permission de donner des représentations au Public de Berlin à son propre profit toutes les fois qu'elle ne sera pas employée pour Nos théâtres et pour les représentations de Nôtre Cour.

Article V

Afin qu'il règne un ordre assuré dans le choix des pièces à représenter au Public, les répertoires d'icelles seront dirigés par Notre Directeur Général des Spectacles, Comte de Zierotin, qui controllera également les recettes en deniers, que la troupe fera dans ses dites représentations au Public, réglera les dépenses relatives et Théâtrales de la même troupe et ordonnera le partage du surplus ; ainsy une police exacte dominera dans la marche du Spectàcle et la confusion ne s'y glissera point.

Article VI

Etant indispensable que cette Nouvelle Troupe ait Vn Théâtre dans Nôtre Ville de Berlin pour y représenter au Public, voulons et ordonnons que Notre Directeur Général des Spectacles, Comte de Zierotin, prenne à cet Effet toutes les mesures nécessaires tant pour l'Emplacement du Théâtre que pour la construction, dotation et entretien avec tel entrepreneur qu'il jugera mieux convenir, auquel il assignera constament en acquit, dédomagement, rétribution, loyer etc., la somme de mille Rixdalers par an à prélever sur celle des Rx 10000, selon l'Articulation qui en a été fait à l'article 3e des présentes, et cette même somme sera invariablement dévolue au dit Entrepreneur qui aura fait l'Édifice du Théâtre, à titre d'hypothèque première, fixe, invariable et jnamovible.

Article VII

Tous les Acteurs et Actrices de cette Nouvelle Troupe dépendront entièrement de Notre Directeur Général, Comte de Zierotin et se soummettront aux réglemens qui leur seront par luy imposés.

Si donnons en mandement. Voulons et ordonnons en conséquence à Notre Directoire Général et supérieur des finances, guerres et domaines, à Notre Fiscal Général, à tous les Collèges, Chambres, Tribunaux de justice et autres que ces présentes au moyen des Amplifications qui leur en seront délivrées par Nôtre Chambellan et Directeur Général des Spectacles, Comte de Zierotin, aient à enrégistrer, maintenir et observer dans toutes leurs formes et teneurs, nonobstant toutes choses à ce contraire, car tel est Nôtre plaisir.

Donné à Potsdam, le 21 du Mois d'Octobre de l'an de grace 1771 et de Nôtre Règne le trente deuxième.

Frédéric.

L. S.

(Kgl. Haus-Archiv (Charlottenburg), Actes relatifs au Comte von Zierotin. Rep. XIX.)

(26) Cf. Lettre de Frédéric au Comte von Zierotin Lilgenau. Potsdam, 27 mars 1772. (Preusz : *Op. cit. Urkundenbuch*, III, 157.)

(27) Cf. Lettre de Frédéric au Comte von Zierotin Lilgenau, Potsdam, 18 mai 1772. (Preusz : *Op. cit. Urkundenbuch*, III, 158.)

(28) Les comédiens jouèrent pour la première fois à la Cour le 4 juillet. Ils donnèrent *Phèdre* au Nouveau Palais de Potsdam. Le 6, ils y représentèrent *Mahomet*. La Reine de Suède, sœur de Frédéric, assistait à ces spectacles. (Cf. Lettre de Frédéric à d'Alembert, 30 juin 1772, et Brachvogel : *Op. cit.*, p. 237.)

(29) Parfois, en effet, les acteurs réclamaient au Roi des gages qui ne leur étaient pas dus ou qu'ils avaient déjà reçus. Fleury rapporte à ce sujet une plaisante anecdote. Elle est peut-être sujette à caution, mais vaut la peine d'être citée.

« Un jour, lisons-nous dans les mémoires du célèbre comédien, une soubrette charmante s'avise d'écrire au Grand Roi pour la vingtième fois afin d'en obtenir de l'argent, qu'elle avait déjà touché dix-neuf fois. Frédéric comme tous les héros était laconique au besoin. Il prend la plume et sur une belle feuille de papier, il écrit de sa main : *Madame, allez-vous faire... lanlaire* et signe FRÉDÉRIC. L'intelligente Marton, qui connaissait le français, interpréta à sa guise ce *lanlaire* royal et laissa quelque temps le monarque tranquille. Celui-ci, n'en entendant plus parler, se réjouissait fort d'en être débarrassé à si bon marché. Mais, au bout de neuf mois et quelques jours peut-être, la solliciteuse apparut dans le salon d'audience de Potsdam, réclamant le double de la somme déjà demandée. — Qu'est-ce que cela veut dire ? fut le premier mot du grand homme. — Voilà votre lettre, répondit la dame ; j'ai cru que c'était une manière détournée dont Votre Majesté s'était servi pour m'annoncer une gratification. Je l'ai gagnée, en voici la preuve. Et en même temps, elle lui présenta une petite fille fraîche, rose et potelée. — Quel parrain Votre Majesté veut-elle que je donne à cette enfant ? ajouta-t-elle. Force fut à Frédéric de nommer un parrain, de rire et de payer. Il donna lui-même à la jeune fille le surnom de Lanlaire, et tant qu'il vécut..... elle fut l'objet constant de ses prédilections : il la considérait apparemment comme le résultat d'une de ses ordonnances les plus loyalement exécutées. » (Cf. Fleury : *Op. cit.* VI, 25 et suiv.)

Fleury ajoute que Lanlaire appartint plus tard à la Comédie de Bordeaux. Elle était ravissante, mais n'avait aucun talent. Son seul mérite était de se mettre avec une rare élégance. Elle ne considérait le théâtre que « comme un bal masqué de trois cent soixante-cinq jours ».

(30) Voici les différentes pièces concernant les démêlés du Comte von Zierotin avec les comédiens entrepreneurs :

I

FRÉDÉRIC A M. DE HERTZBERG, MINISTRE D'ÉTAT.

Les plaintes des Comédiens françois contre Mon Directeur des Spectacles le Comte de Zierotin ne discontinuant point, Je Vous prie d'examiner celles contenues dans la requête ci-jointe et de M'en faire vôtre raport, en évitant cependant, que les informations qu'il faudra Vous procurer à cet effet ne fassent pas de l'éclat. Et sur ce Je prie Dieu qu'il vous ait en Sa sainte et digne garde.

A Potsdam,
le 8° février 1773.   *Frédéric.*

II

BLAINVILLE ET Mlle SAINTE-TREUZE AU ROI.

Sire

Votre Chambellan et Directeur des Spectacles le Comte Zierotin ayant remis aux Soussignés l'entreprise du Spectacle françois de Votre Majesté à leur risque, périls et fortune, en vertu des Contracts, dont ils sont dépositaires, se jettent aux pieds de Votre Majesté pour lui représenter que le Comte Zierotin s'est emparé et mis en possession tant des 10.000 R. de la pension de Votre Majesté que des abonnemens et des Recettes journalières sans leur en rendre aucun compte, les laissant même manquer du nécessaire physique; qu'il a engagé les quittances de Votre Caisse Royale jusqu'au mois de Juin prochain et ce, sans aucune garantie de sa part et par une infraction aux Lettres Patentes de Votre Majesté, qui ne lui en permettent que le Controle.

Nous supplions très humblement Votre Majesté de nous permettre de choisir pour notre Caissier et la garantie de nos deniers le Sr Empaytaz, qui nous a avancé les fonds nécessaires pour l'établissement du Spectacle françois ou tel autre Banquier ou Négociant qu'il plairoit à Votre Majesté de nommer ; d'annuller les dépenses inutiles qui surchargent l'entreprise et pourroient la faire échouer ; Le tout cependant sous le Controle de votre Chambellan le Comte de Zierotin ainsi qu'il est dit dans les lettres patentes de Votre Majesté.

C'est la grâce qu'attendent
    Sire
    De Votre Majesté
    Les très humbles et très
    obéissans serviteurs et servantes

Blainville.   *Sainte Treuze.*
Régisseur Entrepreneur.   Entrepreneuse.

Berlin, le 6 février 1773.

III

MÉMOIRE DE BLAINVILLE ET DE Mlle SAINTE-TREUZE.

Le Comte Ziérotin, Directeur général des spectacles de Sa Majesté, ayant obtenu du Roy en vertu de lettres patentes en datte du 21 octobre 1771 l'Établissement d'une Comédie françoise à l'instar de celle de Paris, Le Sieur Blainville Régisseur nommé par le Roy donna tous ses soins pour faire parvenir à Paris les avances nécessaires à cette Entreprise par le moyen du Sr Empaytaz, Négotiant à Berlin, qui nous a avancé jusqu'à la Concurrence de 27044 L. de france. Sept des Principaux tant Acteurs qu'Actrices furent chargés de l'Entreprise à leur risque, péril et fortune, suivant le Contract passé entre eux et M. le Comte Ziérotin ; mais la Conduite irrégulière de M. le Comte dans vne entreprise, qu'il avoit envie de s'approprier, qui n'est point la sienne, et dont il ne doit être que le Protecteur, souleva quatre des Entrepreneurs qui portent au pied du trône leurs plaintes les plus amères. Les soussignés ne désirant que la paix et la Tranquillité et respectant les inconséquences d'un supérieur choisi par le Roy, prirent le parti du silence. Leurs plaintes cependant n'étoient pas sans fondement ; ils disoient avec raison :

1° Que leur Caisse fut remise à vn Banquier ou Négotiant qui put cautionner leur fond, et non à la discrétion de M. Le Comte qui faisoit l'office de Caissier en payant par ses mains et avec nos produits les mémoires, qui lui étoient présentés, sans nous les communiquer et ce contre l'intention de Sa Majesté, qui par lettres pattentes ne lui en laisse que le Controlle.

2° Qu'on leur rendit un Compte exact des Recettes et surtout des dépenses, dont M. Le Comte surchargeoit l'entreprise.

3° Qu'on leur rendit le Timbre des Billets, dont M. Le Comte n'auroit jamais dû être seul dépositaire.

A ces plaintes et à plusieurs autres à l'appuy, moi, Blainville, je fis de mon mieux pour le disculper auprès de Sa Majesté, nous ayant promis que dorénavant, il nous ferait rendre un compte exact de nos affaires et surtout de nos fonds. En effet et vraisemblablement pour la forme, il fit venir un Calculateur de la Chambre des Comptes, qui balança la Recette et la dépense dont l'Extrait fut envoyé au Roi ; mais dans ce Compte toutes les pièces de dépense passèrent sans aucun Examen, sans en vérifier l'Emploi et la Vérité, M. Le Comte ayant régit cette partie à sa fantaisie et sans jamais nous en avoir rendu aucun Compte, agissant comme de son bien propre ; à l'exception des appointemens des pensionnaires qui furent payés par les mains de Beuré, notre Secrétaire, qui en reçoit l'argent de M. Le Comte, l'Essentiel fut toujours payé par ce dernier.

Il reçut ordre de Sa Majesté de contenter les plaignants, dont cinq sortirent de l'Entreprise moyennant 1500 R. d'appointemens. Je me chargeai, moi Blainville, des cinq contracts des Entrepreneurs sortant de la Société, avec le consentement de M. le Comte Zierotin.

Et suivant un acte sous seing privé du 4 Novembre 1772, je conclus avec Mlle Ste-Treuze cy dessus soussignée de partager avec elle les produits tant à perte qu'à gain de l'Entreprise de la Comédie, comme nous appartenant Directement.

Depuis cette époque M. Le Comte Zierotin bien loin de nous tenir ce qu'il nous avoit promis concernant nos Comptes et nos deniers a agi contre nous avec le plus grand despotisme.

1º Il a voulu nous perdre l'un pour l'autre en semant entre nous l'Esprit de haine et de discorde et en Nous proposant à chacun de nous séparément d'Etre Entrepreneur factice moyennant vne certaine rétribution annuelle, et que lui Comte De Zierotin se chargeroit de l'Entreprise ; que cependant il ne pouvoit la prendre à son Nom, attendu qu'ayant obtenu du Roy que la justice n'inquiéta pas les individus attachés à la Comédie, il ne pourroit être juge de sa propre cause.

2º Il nous a refusé vne pension alimentaire, n'a jamais voulu fixer de somme pour notre entretien et a souffert que moi Blainville j'eusse l'Exécution pour 100 R. tandis qu'il m'étoit dûs 553 R. d'argent avancé pour le bien de l'Entreprise. M. Le Comte, fâché d'avoir été obligé de payer 100 R. avec mon bien, obtint de Sa Majesté le renouvellement de l'Edit qui fait déffensse de faire crédit aux comédiens.

3º il a exigé de Beuré, notre Secrétaire et en partie notre Caissier, quoique les fonds n'ayent jamais été à sa disposition, de donner au juif joseph les quittances et d'écrire de sa main les noms sur les Billets des abbonnés pour en faire le Recouvrement, dont le Juif joseph rend compte à M. Le Comte Zierotin ; par cette manœuvre nous n'avons jamais eu aucune connoissance de cette partie, point de Tableaux à la porte, nos Billets et le Timbre entre les mains et à la discrétion de M. Le Comte. Notre secrétaire luy-même ne peut nous éclairer dans cette partie, M. Le Comte luy faisant enregistrer les abbonnés quand bon luy semble.

4º Il en est de même des abbonnemens de Mrs les Millitaires ; le Tymbre et les Billets à la disposition de M. le Comte ; il charge le Bas officier Dubois du Régiment de Lottum du Recouvrement et luy en compte Diréctement.

5º La pension de sa Majesté est payée à la Caisse Royale sur les quittances de M. Le Comte ; il en fait porter le montant chez lui. Il a même engagé au juif Warbourg des quittances de la Caisse Royale jusqu'au Mois de juin, nous fait payer des intérêts. Nous comptions que cette Emprunt serviroit à payer les dettes les plus indispensables ; point du tout, partie de ces pauvres gens n'ont point été soldé, Le Comte se souciant peu que nous fussions deshonnoré, répandant à nos représentations, que nous n'eussions aucune Crainte, que la justice ne pouvoit s'en mêler, et qu'il avoit scû leur oter le plus beau fleuron de la Couronne.

6º Nous ne pouvons exiger de lui les dépenses nécessaires pour nos pièces de Théâtre, il y met du retard et continuellement des difficultés ce qui nous occasionne des pertes considérables.

7º Mr Le Comte vient de toucher deux mois de la pension de Sa M. qui étoient arriérés. Nous comptions que cette somme auroit été versé entre les mains du sieur Empaytaz à qui nous l'avions destinée pour solde de Compte des sommes avancées, point du tout, il a plu à M. Le Comte de ne payer que mille écus.

8° M. Le Comte Réglant et disposant à son gré la partie Essentielle de nos affaires, notre argent n'a chez lui aucun registre ; il donne à notre secrétaire les indices qu'il luy plait de donner, de sorte que depuis Cinq Mois l'Exactitude avec laquelle les Comptes de Caisse doivent être tenus se trouvent suspendue ou en désordre.

Nous passons sous silence bien d'autres griefs, mais nous ne pouvons nous empêcher de dire que le But de M. Le Comte Zierotin en s'emparant de nos deniers, en réglant et payant des dépenses sans nous en instruire, en ne nous rendant aucun Compte, de prendre à tâche de les embrouiller, de dire en mon absence et en plein foyer des injures contre moi pour indisposer mes Camarades et les empêcher par là de faire leur devoir, disant que moi Blainville je n'étois rien et qu'il étoit le maître, son But par toutes ces choses est de nous chagriner, et de nous forcer de nous-même, pressés par le besoin, à venir luy remettre entre les mains, comme nos Camarades ont fait, nos Contracts et accepter les dures Conditions qu'il voudra nous imposer.

Si le Roy ne daigne jetter sur nous vn œil de justice, nous seront forcés d'avoir recours à lui et pour lors M. Le Comte aura à sa disposition vne troupe qui nous a coûté tant en voyage qu'en avance :

27044 L. de France qui font de Brandebourg.	7500 R.	12
Vn magazin avec son augmentation Journalière et Bibliothèque.	800	» »
Décoration.	300	» »
Un Théâtre décoré 900 R. environ.	900	» »
Musique d'opéra.	200	» »
	9700.	12

Mr Le Comte Zierotin aura donc gagné 9700 R. de Brandebourg que nous avons sacrifié pour notre établissement pour le service du Roy et du public. Sa Majesté est trop juste pour permettre vne telle jnjustice, et pour voir évanouir le prix de nos Veilles, de nos Soins à luy plaire, de nos allarmes même puisque tout a été de l'aveu même de M. Le Comte à nos risques, périls et fortune.

C'est cependant ce qui arrivera infailliblement si Sa Majesté ne daigne permettre :

1° Que nous eussions Vn Caissier Nommément Le Sieur Empaytaz, qui a avancé les fonds nécessaires pour notre établissement, ou tel autre qu'il plaira à Sa Majesté d'ordonner.

2° d'annuller des dépenses inutiles, des engagemens de protection fait à notre inscû, qui pourroient même déplaire à Sa Majesté puisque ce sont des personnes qui sont déjà attachés à son opéra et qu'on Employe doublement.

3° Qu'il n'ait plus à sa disposition notre tymbre et nos billets d'abbonnement.

4° Que notre Secrétaire, que nous payons, soit à notre disposition.

5° Que le Comte Zierotin ne manie aucun de nos deniers, qu'il plaise à Sa Majesté que notre Caissier touche la pension des 10.000 R. sur la Quittance Visée de nous.

6° Enfin que Mr Le Comte Zierotin n'ait d'autre Soin que le bien de notre Entreprise, sans y mettre continuellement le désordre.

Du reste nous nous soumettons bien humblement aux Vérifications que M. Le Comte voudra faire tant chez notre caissier et notre secrétaire, qu'il veille à ce que nous ne frustrions point nos créanciers, nous soumettant à son Controlle ainsi que le porte les lettres patentes de sa Majesté.

Ste Treuze, Entrepreneur.   *Blainville*, Entrepreneur
                                                       et Régisseur nommé par Le Roy.

Berlin, 10 février 1773.

IV

LE COMTE DE ZIEROTIN A M. DE HERTZBERG.

Berlin, 10 février 1773.

Cette affaire étant minutieuses pour un homme de mon Caractère et démontré avec tous les appuÿ dans une heure de Temps je suis flatté, l'on ne peut d'avantage, que Sa Majesté en a bien voulût donner l'inquisition à Votre Excellence et j'ai l'honneur de L'asseurer de ne pas la mentionner vis à vis de personne, et aÿant L'honneur de lui présenter mes devoirs Vendredi selon qu'elle est convenu avec moi, je comparoitrai ponctuellement avec les personnes nécessaires pour me soumettre à ses Ordres.

Le Comte de Zierotin.

V

PROCÈS-VERBAL DE LA SÉANCE CHEZ M. DE HERTZBERG.

Berlin, le 11 février 1773.

Le Roi ayant ordonné au Ministre d'Etat de Hertzberg d'examiner les plaintes de M. Blainville et de Mad^{lle} Ste-Treuze contenues dans une requête du 6 février, il a assemblé chez lui M^r Le Cte de Zierotin aussi bien que Mr Blainville et Mad^{lle} Ste-Treuze et le Secrétaire Beurée et ayant entendu leurs plaintes et reproches, dont le détail ne peut pas être mis ici, M^r le Cte de Zierotin a remis le restant des comptes entre les mains du Secrétaire Beurée pour les mettre en ordre et les montrer ensuite à qui il appartient.

Le Cte Zierotin déclare qu'ayant été chargé de Sa Majesté de former une troupe, il a donné la-dessus des engagemens signés de sa main ; que toutefois dès que le Sr Blainville et Mad^{lle} Ste-Treuze donneront dans 24 heures selon leur offre une Caution valable de Mrs Splittgerber ou Schütze, qui fera face à sa signature et assurera selon l'intention du Roi l'établissement stable et permanent pour 6 ans de la troupe françoise, dès ce moment dégagé de ses engagemens, il leur permettra la gestion de la Comédie pour la partie de l'intérêt, en ne s'en réservant que le Controle immédiat selon la Patente du Roi ; Et qu'au cas qu'ils ne fournissent pas la caution, le Cte Zierotin pour que le service de Sa Majesté ne manque pas, trouvera des Actionnaires et mettra Mad^{lle} Ste-Treuze et Mr Blainville a pension pour l'année prochaine.

Mr Blainville et Mad^{lle} Ste-Treuze s'en remettent à la décision de Sa Majesté en se réservant les Droits pour le passé sur les comptes en vertu de leurs engagemens et cessions.

De Hertzberg.   *Blainville.*

Le Comte de Zierotin.   *Ste-Treuze.*

VI

LE COMTE DE ZIEROTIN A M. DE HERTZBERG.

En remerciant Votre Excellence très humblement des peines qu'Elle a bien voulu se donner ce matin, je me flatte qu'Elle y ajoutera une Grace pour mon particulier. C'est que je la supplie instament qu'ayant été chargé de Sa Majesté de l'inquisition des plaintes des Comédiens Blainville et Ste-Treuze porté contre moi, de ne point aliéner cette affaire n'y en demander au Roy d'en être dispensé. Sa Bonté aura même Compassion d'une charge bien dure pour un homme de mon Caractère, qui n'aime que la droiture, L'équité et l'honetteté, et j'espère de ses bontés qu'Elle ne refusera pas ma demande en me laissant jouir de la douce Satisfaction d'être jugé par un Ministre si juste et si éclairé tel que Votre Excellence.

Le Comte de Zierotin.

VII

M. DE HERTZBERG AU ROI.

Votre Majesté m'ayant ordonné d'examiner les plaintes que quelques Comédiens françois lui ont portées contre le Cte de Zierotin, j'ai tâché de m'en acquitter aussi bien que me l'a permis l'état chancellant de ma santé par les suites d'une maladie, dont je suis attaqué depuis 15 jours et dont je crains que je ne me remettrai pas entièrement.

Ce ne sont pas tous les Comédiens qui portent ces plaintes, mais le Sr Blainville et la nommée Ste-Treuze, qui ont acquis par la cession toutes les autres portions de l'entreprise de la Comédie et qui se regardent comme seuls entrepreneurs de la Comédie à leur profit et risque.

Ils se plaignent 1° de ce que le Cte Zierotin s'étoit emparé de toute la gestion de la Comédie, tant pour la recette que pour la dépense, sans leur rendre un compte exact et réglé. Le Cte de Zierotin a répondu que c'étoit leur faute de n'avoir pas demandé ces comptes, et il les a remis en ma présence au Secrétaire de la Comédie pour les mettre en ordre.

Mais comme les Comédiens ne manqueront pas d'y faire des objections, il sera nécessaire en cas qu'ils ne s'accomodent pas, que ces comptes soyent revûs par la Chambre des comptes ou par un homme de Justice.

2° Les deux comédiens demandent à force que le Cte de Zierotin leur rende l'administration de la Comédie pour la partie de l'Intérêt selon leurs engagemens primitifs, & qu'il se contente d'en avoir le Controle et la Direction immédiate.

Le Cte de Zierotin a déclaré la dessus que comme V. M. l'avoit chargé de former et de maintenir une troupe de Comédiens et qu'il avoit à cet égard toute sorte d'engagemens en son nom privé, il ne pouvoit leur céder cette administration de la Comédie, à moins qu'ils ne fassent une caution valable qui fasse face à ses signatures et assure la stabilité de la Comédie françoise pour 6 ans, & que dans le cas contraire il rechercheroit des Actionnaires comme tout cela est convenu dans le procès-verbal ci-joint.

Les deux Comédiens ont accepté cette Condition, et offrent par la déclaration ci-jointe de faire une caution valable ou un dépôt comptant, que V. M. voudroit ordonner pour la sûreté du Spectacle françois, et les deux parties se sont soumis à la Décision de V. M. dont tout dépend à présent.

Comme cette affaire par sa nature pourroit encore exiger beaucoup de discussions, je me flatte que V. M. voudra bien, eu égard à l'état maladif où je me trouve, m'en dispenser et en charger quelque autre qui soit plus au fait de cette partie et plus propre à répondre à ses intentions.

VIII

DÉCLARATION DES COMÉDIENS.

Nous soussignés déclarons que dès que Sa Majesté nous aura avoué, ainsi que le porte nos Contracts pour Entrepreneurs de Son Spectacle françois, qu'il nous sera libre d'administrer et de gérer conformément à nos intérêts, nous donnerons caution bonne et valable ou vn Dépôt comptant tel qu'il plaira à Sa Majesté d'ordonner pour la sûreté de son Spectacle françois. Berlin, le 12 février 1773.

Blainville.

Ste Treuze.

IX

FRÉDÉRIC A M. DE HERTZBERG.

Potsdam, 13 février 1773.

Les plaintes, que les Comédiens françois M'ont portées contre le Comte de Zierotin, ne sont point, à ce que Je M'apperçois par le rapport, que vous venés de M'en faire, tout à fait mal fondées et Je trouve qu'il n'y a rien de plus juste que les comptes, que le dit Comte de Zierotin a encore à rendre sur la gestion de la Comédie par rapport à la Recette et à la Dépense, soient revûs par Ma Chambre des Comptes.

Pour couper cependant une fois pour toutes à tous ces différents, et qui jusqu'ici n'ont préférablement roulés que sur les dix mille écûs, que Je fai fournir par an à l'entretien de la Troupe, J'ai décidé et ordonné hier que le Comte de Zierotin en doit former et remettre à Mon Trésorier Buchholtz un Etat de dépense, d'après lequel celui-ci fera compter à chacun ce qui lui en revient. Si par le moïen de cet arrangement, Je ne parviens pas à faire cesser les plaintes, le plus court pour M'en débarrasser sera toujours de les renvoïer à Ma Chambre de justice, qui saura bien les terminer et faire tenir ces gens en ordre.

Au reste J'espère que la maladie qui Vous est survenüe n'aura pas de ces suites facheuses que Vous en craignés ; au moins Je le souhaite aussi sincèrement que Je prie Dieu, qu'Il Vous ait en Sa sainte et digne garde.

Frédéric.

X

DEUX LETTRES DU PRINCE ROYAL, QUI RECOMMANDE LE COMTE DE ZIEROTIN A M. DE HERTZBERG.

a   Potsdam, le 12 février 1773.

Je verrai avec plaisir, Monsieur, que vous vous interréssiez pour le Comte de Zierotin dans les affaires de la Comédie que vous êtes chargé de vérifier ; ce sera m'obliger essentiellement.

Je suis votre très affectionné ami.

Frédéric Guillaume.

b   Potsdam, ce 15 février 1773.

J'ay appris, Monsieur, du Comte Zierotin qu'à mon égard vous Lui aviez promis de Le servir et de finir ses affaires ; je vous en suis Redevable ; instruit et assuré que c'est une cabale, que l'on a tramé contre Lui. Vous me ferez plaisir de Lui Rendre justice et d'informer Le Roy des Jmputations calomnieuses que Les Comédiens ont eû L'Audace de faire contre un homme, dont L'honnêteté est prouvée et pour Lequel je m'interrêsse et je le Reconnoitrai en tout tems comme une nouvelle preuve de m'obliger et je suis, Monsieur, votre très affectionné ami.

Frédéric Guillaume.

XI

M. DE HERTZBERG AU PRINCE ROYAL.

Monseigneur,

J'avois déjà fait le 12 de ce mois mon rapport au Roi sur les plaintes, que quelques Comédiens ont portées contre M^r le Comte de Zierotin, lorsque j'ai reçu les deux lettres du 12 et du 15, dont V. A. R. m'a honoré. Sa Majesté m'a aussi déchargé de cette affaire par un ordre du 13e vu la maladie très sérieuse dont je suis attaqué qui ne m'auroit pas permis de finir une affaire de cette nature, de sorte qu'après cet ordre il ne m'est plus permis de m'en mêler directement et de faire des rapports ultérieurs la-dessus sans y être autorisé par de nouveaux ordres. Il m'a cependant paru que Mr. le Comte de Zierotin étoit content du rapport que j'ai fait et par lequel j'ai détaillé au Roi tout le nœud de l'affaire. J'ai aussi continué à faire tout ce qu'il a dépendu de moi par des représentations et des conseils pour rapprocher les deux parties et pour leur faire entendre raison et j'ai aussi lieu d'espérer qu'elles s'accommoderont quand les Comptes seront une fois rendus et réglés.

V. A. R. voudra bien être persuadée que tout ce qui me viendra de sa part me sera toujours sacré et que je n'ai pas de plus grande ambition que celle de La convaincre par tout ce qui est en mon pouvoir Du zèle respectueux et de la profonde soumission avec laquelle j'ai l'honneur d'être...

XII

LE COMTE DE ZIEROTIN A M. DE HERTZBERG.

Berlin. Le 19° Février.

J'ai L'honneur d'informer Votre Excellence que Les Comptes sont finis et révisés par Le Calculateur de la Chambre Suprême des Comptes, et Come je souhaitte qu'en leur rendant l'administration Libre de leur régie que cela se passe sous Les yeux de Votre Excellence et que j'en recoivent Le Cautionnement offert, je La Supplie de nous assigner demain une heure a-sa comodité pour terminer Le tout, débarrasser Votre Excellence et moi de leurs instances.

Le Comte de Zierotin.

XIII

LE COMTE DE ZIEROTIN A M. DE HERTZBERG.

Berlin. Le 21 Février 1773.

Je supplie Votre Excellence d'excuser la liberté que je prends de L'importuner si souvent, mais désirant ardément de sortir au plustot du Tripot, j'y joings mes très humbles instances qu'Elle veuille bien ordonner au Comédien Blainville d'apporter à L'hotel de Votre Excellence La Caution promise inmanquablement Mardi a trois heures L'apresdiné ou j'aurai en même temps L'honneur de lui présenter mes Devoirs ; un mot d'ordre de Sa part terminera toute de suite toute cette affaire.

Le Comte de Zierotin.

XIV

LE COMTE DE ZIEROTIN A M. DE HERTZBERG.

Berlin. Le 25 Février 1773.

J'ai L'honneur d'informer Votre Excellence que m'étant proposé de venir lui rendre aujourd'huy mes Devoirs pour recevoir la Caution offerte, le Comédien Blainville sous prétexte de répétition et de représentation m'a encore demandé delay jusqu'à demain Vendredi : j'ai recour à Votre Excellence et la Supplie d'en renouveller les ordres au dit Blainville pour n'en être plus amusé et voir une fois la fin de toute cette affaire.

Le Comte de Zierotin.

XV

LE SIEUR CÉSAR A M. DE HERTZBERG.

Berlin, ce 20 février 1773.

Ayant été requis par les Entrepreneurs de la Nouvelle Direction du Spectacle françois de me charger de la Caisse pour la recette et la Dépense de la Comédie, et que pour cet Effet je devois me rendre avec Eux aujourdhuy chez Votre Excellence pour en apprendre les Détails ultérieurs, soit pour la Gestion de cette Caisse, soit pour la Caution à faire; Je supplie Votre Excellence de me pardonner si je ne puis pas avoir l'honneur de Luy faire ma Cour aujourdhuy étant incommodé depuis quelques Jours et ayant pris Médecine; Mais comme Les affaires de ces Messieurs leur paroissent pressantes, et que je n'en Voudrois pas en arrêter le Cours, Je fais ma soumission à V. E., Luy déclarant que je me chargerai de cette Caisse tant pour la recette que la Dépense Generale, et que je suis prêt a faire une Caution proportionnée aux sommes qui me seront confiées. Si j'osai me flatter que V. E. veuille m'accorder un Jour de la Semaine qui Vient, ou je puisse la Mettre au fait de tous les Détails, je reconnoitrai cette Marque particulière de Sa grace par le plus profond respect et l'attachement le plus soumis avec lequel j'ay l'honneur d'être,

      Monsieur,
      De Votre Excellence
      Le très humble et très obéissant
      Serviteur.

      Cesar. »

(Kgl. Haus-Archiv. (Charlottenburg). Actes relatifs au Comte von Zierotin. Rep. XIX.)

(31) Voici la copie de ce tableau, qui parut le 22 octobre 1773 :

TABLEAU des Acteurs payés par la Caisse de l'Entrepreneur, indépendamment de ceux qui sont assignés sur la Caisse Royale pour les 10000 Rthl. que le Roi donne.

Savoir :	Rdlr.	Gr.	Rdlr.
Mr. BLAINVILLE	900		
Mlle. SAINTREUZE	1000		
Mr. NEUVILLE	600		
Mr. DE L'HORME	900		
Mad. BERTRAND	900		
Mr. BERTRAND	300		
Mad. LE MOINE	400		
Mr. LE MOINE	400		
Mlle. QUINSON	611		
Mlle. GARNIER	1200		
Mr. MARC	600		
Mr. JULIEN	400		
Mr. DORIVAL	1100		
Mr. MONROSE	800		
Mr. VARLET	300		
Mlle. SAINVILLE	800		
Mr. St. HUBERTY, comme Régisseur	200		
M. de BELLEVILE, en outre de ce qu'elle tire de la Caisse Royale	33	8	
Mr. St. HILAIRE, en outre de ce qu'il tire de la Caisse Royale	48		
	11.492	8	

	Rdlr.	Gr.	Rdlr.
Sommes payées aux Acteurs en sus des appointemens cy-dessus, avant qu'ils ayent été réduis au taux qu'ils sont à présent :			
BLAINVILLE	60		
SAINTREUZE	33	8	
NEUVILLE	33	8	
St. AMAND	33	8	13.239
Frais de Voyage aux nouveaux Acteurs	753	8	
Payé aux Acteurs qui sont assignés sur la Caisse du Roi, pour les appointemens de mai la quittance de ce mois ayant été excomptée à l'ancienne entreprise	833	8	
	1.746	16	

MUSIQUE

	Rdlr.	Rldr.
Orchestre à raison de 202 Rxdl. 8 Gr. par mois. Par an	2.428	2.428

GAGISTES

Directeur et Caissier	600	
Souffleur	300	
Secrétaire.	200	
Receveur et Burauliste.	144	
Concierge et Décorateur	144	
4 Garçons de théâtre	380	2.510
Controlleur	100	
Le Bas-Officier DUBOIS	100	
La Magazinière	110	
Le Tailleur.	130	
Le Perruquier	110	
2 Afficheurs	144	
Un Moucheur	48	

	Rdlr.	Rdlr
Loyer de la Salle.	1300	1300
A l'imprimeur pour les affiches. . . .	600	600
La Garde, le Bois, Chandelles, Habilleuses, Ouvreurs et Ouvreuses de Loges, Comparses, Chanteurs et Musiciens extraordinaires qui se payent par Représentation 15 Rxdl. multipliées par 200, font par année.	3000	3000
Dépenses extraordinaires comme Décorations, habit de Magazin, ustensils de Théâtre, Entretien de maison, Salle, Copie de Musique, Livres de bibliothèque et autres, etc., par comparaison sur les mois passés.	800	800
		23.877

RECETTE

tant des abonnemens, que de la porte, suivant les Registres du Receveur, d'après lesquels, ceux de l'Entrepreneur sont tenus et qui peut se vérifier à tous momens.

Mai, juin, juillet, août, septembre, octobre.	6884	
Les cinq autres mois. attendu que l'année Théâtrale n'a qu'onze mois, et qu'il en doit payer 12, La recette d'hiver est plus forte, produiront à peu près la même somme de.	6884	13768

RÉSULTAT

La *Dépense* par année est de.	23.877
La *Recette* de.	13.768
La *Perte* est conséquemment de. . . .	10.109

(Cité par Plumicke : *Op. cit.*, p. 154 à 156.)

(32) Cf. Dieudonné Thiébault : *Op. cit.*

(33) Témoin cette supplique, où le sieur Marion Duvernier, comédien de Sa Majesté, se plaint à Frédéric d'une escroquerie de Saint-Huberty :

« Sire,

C'est pour réclamer la justice de Votre Majesté, que je me prosterne à vos pieds : la crainte de dérober au monde vn moment précieux à L'humanité m'a retenu jusqu'à présent, mais je serai Coupable si en recevant les preuves que je recherchais depuis longtemps, je différais un instant d'en instruire le plus Grand des Monarques.

Engagé à Paris en 1774 pour le Service de Votre Majesté, je quittai avec empressement un établissement que j'avois pour jouir d'un honneur que mon cœur désiroit ; le nommé S‘ Huberty, régisseur crée par le feu Comte de Zierotin et patenté, à ce qu'il disoit, de Votre Majesté, titre plus que suffisant pour qu'on eut toute confiance en lui, me remit alors un engagement pour trois ans signé du Comte de Zierotin à raison de 1600 écus par an aux conditions que l'on me retiendroit en forme d'avance mille Livres de france sur ma première année et quatre cents écus pour chacune des suivantes ; S¹ Huberty ne voulant pas que ces clauses fussent inserrées dans l'engagement, disant que Sa Majesté vouloit et entendoit que ces reconnoissances d'usage à Berlin fussent faites sur des Billets particuliers, ce que je fis, en lui confiant aveuglément deux de mes signatures, dont il â abusé en écrivant audessus de celle qui devoit être de mille Livres, que je reconnoissois avoir reçu de lui 2800 L. argent comptant, qu'on ma forcé de payer, contre toute justice, raison et protestation, en attendant, disoit-on, les preuves authentiques que je pourrois avoir de cette malheureuse affaire et que j'ai reçeus il y a quelques jours, qui démontre clairement et juridiquement par ses faits qu'il est capable de tout ; qu'il a abusé de sa place et de ses pouvoir supposés pour me surprendre deux signatures ; d'une desquelles il s'est déjà servi pour saproprier mille livres sur mes appointemens de l'année dernière, qui appartiennent légitimement à la Caisse Roÿale de Votre Majesté, le surplus à celui qui prend la respectueuse liberté de faire entendre sa faible voix aux pieds du Trone d'un Monarque Bienfaisant qui n'est jamais plus satisfait que lorsqu'il rend justice.

Daignés, Grand Roi, jetter vn regard favorable sur vn opprimé et faire honorer de vos ordres celui qui réclame votre Justice et qui ne cessera de faire des vœux pour la conservation de vos jours glorieux.

Je suis avec la plus profonde soumission
  Sire
De Votre Majesté
      Le très humble, très obéissant
      et très fidel sujet,
           Marion Duvernier, acteur
        de la Comédie Françoise de Sa Majesté.

Berlin. Le 12 9ᵇʳᵉ 1775. »

(Kgl. Geheim, Staats-Archiv. (Berlin Klosterstrasse) Dramatisches. Rep. 9 L. L. 7, C.)

(34) « Un histrion, fort mauvais sujet, nommé Saint-Huberty, lisons-nous dans les *Souvenirs* de Thiébault, avait amené de France à Berlin quatre jeunes personnes, qu'il plaça à beaux deniers comptants, l'une chez l'envoyé de Bavière, une seconde chez M. de Golze, officier dans les gendarmes et frère de celui qui était ministre à Paris, et la troisième, Mlle. Quinson, chez M. Harris. Quant à la quatrième, qui était la plus laide, mais qui annonçait déjà les talents, qui depuis l'ont rendue célèbre, Saint-Huberty en fit sa femme. »

(35) Cf. Goncourt (E. de) : *Madame Saint-Huberty d'après sa correspondance et ses papiers de famille*. III à IX.

(36) Cf. Lettre de Frédéric au Comte von Zierotin Lilgenau. Potsdam. 30 avril et 1er octobre 1774. (Preusz : *Op. cit. Urkundenbuch*. III, 174 et 176.)

(37) A en croire une supplique conservée aux Kgl. Geheim. Staats-Archiv, l'*entrepreneur* Neuville payait fort mal son personnel. Le 4 mars 1775, les gagistes du théâtre se plaignent au Roi et réclament leur salaire. Il est dû :

Au Sieur Henri MOUJON,		5 mois de gages soit	40	Rdl.
—	JEAN, caissier,	6 mois —	— 42	—
—	DUBOIS, sous-officier,	6 mois —	— 42	—
—	HENRY, souffleur,	4 mois —	— 48	—
—	ESPAGNE	4 mois —	— 28	—
—	DURAND	6 mois —	— 66	—
—	DELICK, Perruquier,	6 mois —	— 48	—

(Kgl. Geheim. Staats-Archiv. (Berlin Klosterstrasse) Dramatisches. Rep. 9 L. L. 7, C.)

(38) En 1764 Aufresne jouait à La Haye. Cf. Lettre de Voltaire au Comte d'Argental. Délices, 29 octobre 1769.

(39) Cf. Lettre de Voltaire au Maréchal de Richelieu. Délices, 22 octobre 1764.

(40) Voici l'article du *Mercure* :

« L'anecdote la plus intéressante dont nous ayons à rendre compte dans ce *Mercure* est le début de M. Aufresne, qui commença le 30 mai par le rôle d'Auguste dans *Cinna*. Ce début a continué par le rôle de Dupuis dans la comédie de *Dupuis et Desronais*, le même jour par celui de Philippe Humbert dans *Nanine* et par le rôle de Zopire dans *Mahomet*.

Il ne s'agit point dans ce début comme dans le précédent *Mercure*, d'annoncer en espérances incertaines les talents qui manquent actuellement et de couvrir les défauts, qui existent, sous le voile du silence ou sous le fard indulgent des palliatifs. La figure du débutant, partie si nécessaire dans l'art de la représentation, a beaucoup d'avantage pour l'emploi, qu'il joue. La taille est suffisamment haute, noble et aisée. Les traits du visage sont grands et bien prononcés ; leur conformation et le talent de s'ajuster théâtralement suppléent à ce qu'il manque d'années à cet acteur pour certains rôles. Le caractère général de la physionomie est la dignité, souvent même quelque chose de sévère, mais tempéré par une sorte d'aménité dans le regard, lequel est néanmoins vif, perçant et très expressif.

Dès le premier jour le jeu de cet acteur fit une forte sensation sur le public. On aperçut, si l'on peut user du terme, un système de débit dans le tragique, que les gens de goût ont toujours désiré, dont on a souvent entrevu des exemples et, pour rendre justice, dont il faut convenir qu'en général la scène française s'est considérablement rapprochée depuis quelques années. Cet acteur a rappelé dans la mémoire des anciens amateurs le célèbre Baron. On conçoit de là qu'il parle le tragique comme le haut comique, dans l'ordre des proportions du genre. En effet il le parle, mais presque toujours bien, jamais à contre sens et souvent avec une sorte de sublimité d'intelligence, qui frappe, qui émeut, qui entraîne l'auditeur sensible et éclairé. Le naturel dans la récitation, ce précieux organe de la vérité, est un point trop difficile à conserver dans son exacte précision et trop prochain d'une multitude d'écueils, pour qu'il n'arrive pas que l'acteur, qui a le courage de suivre cette méthode, ne tombe quelquefois dans une certaine faiblesse sur les finales, qui le rapproche trop d'un familier discordant avec le ton général de la scène tragique ; ou plus souvent encore que l'auditeur dont l'oreille s'est laissée blaser par la force d'une déclamation trop soutenue, ne confonde avec la monotonie la variété délicate des accens dans une élocution naturelle. Plus le débutant a joué de rôles, plus le public s'est aperçu avec plaisir qu'il évitait ces dangers ; le concours qu'il a attiré au Théâtre français, celui qu'il occasionne encore journellement, prouve ce succès bien plus que notre rapport, quoique nous osions assurer qu'il est de la plus grande fidélité... »

(Cf. *Mercure de France*, 1er juillet 1763.)

(41) Cf. Lettre de Voltaire au Maréchal de Richelieu, Ferney, 11 avril 1773. Catherine II accueillit fort bien Aufresne, qui se fixa en Russie. Il mourut à Saint-Pétersbourg en 1806. Peu de temps avant sa mort, il avait encore joué l'Auguste de *Cinna*, son rôle favori.

Aufresne était né à Genève en 1728.

(42) Cf. Lettres de Frédéric à d'Alembert, 28 juillet 1774; à Voltaire, 30 juillet 1774.

(43) Cf. Formey : *Op. cit.*, II, 136 et suiv.

(44) Un gentilhomme poitevin, raconte Formey, donna en l'honneur du tragédien « un grand repas d'auberge » :

« Nous étions vingt-trois convives, académiciens, officiers, secrétaires d'ambassade, etc. J'étois assis à côté de Lekain, à sa droite. Je fus fort content de sa conversation : il ne prit point un ton avantageux ; il me raconta fort modestement quel avait été son premier état et comment il avait été conduit et formé à celui dans lequel il se trouvait actuellement. » (Cf. Formey : *Op. cit.*, II, 136 et suiv.

(45) Ces représentations eurent lieu à Potsdam au mois de juillet 1775. (Cf. Lettre de Frédéric à Voltaire. Potsdam, 24 juillet 1775.

(46) Cf. Lettre de Frédéric à Voltaire. Potsdam, 24 juillet 1775.

(47) Cf. *Ibid.* Frédéric fit la même remarque à d'Alembert :

«... J'ai vu jouer Lekain et j'ai admiré son art. Cet homme serait le Roscius de son siècle, s'il était un peu moins outré. J'aime à voir représenter nos passions avec vérité, telles qu'elles sont : ce spectacle remue le cœur et les entrailles, mais je me refroidis sitôt que l'art étouffe la nature. Je parie que vous pensez : voilà les Allemands ; ils n'ont que des passions esquissées ; ils répugnent aux expressions fortes, qu'ils ne sentent jamais. Cela se peut. Je n'entreprendrai pas de faire le panégyrique de mes compatriotes... » (Cf. Lettre de Frédéric à d'Alembert, 5 août 1775.)

(48) Cf. Formey: *Op. cit.*, II, 136 et suiv. Brachvogel : *Op. cit.*, p. 254.

(49) Lekain remercia Frédéric-Guillaume par une lettre charmante que voici :

Monseigneur,

J'ai reçu avec la reconnaissance la plus respectueuse le présent dont Votre Altesse Royale a daigné me gratifier à mon départ de Berlin. Mon silence sur cet objet m'occasionnerait sans doute un reproche, que je ne me pardonnerais de ma vie, et quoique je m'acquitte bien tard d'un tribut que mon cœur se plait à vous rendre, cependant j'ose l'offrir à Votre Altesse Royale avec l'âme la plus dévouée à ses volontés : c'est un sentiment, que je partage avec tous ceux, qui ont eu l'honneur de vous approcher et de vous faire leur cour. Aussi, Monseigneur, compterai-je au nombre de mes jours heureux celui où j'ai eu le bonheur de distraire et de captiver l'attention de l'héritier d'un grand empire et d'un prince d'autant plus digne de le gouverner, qu'il est instruit dans cet art par le législateur le plus recommandable.

Voilà, Monseigneur, toute la consolation des faibles ; c'est de pouvoir approcher quelquefois de ceux que la nature a destinés pour les rendre heureux ; c'est de les suivre pas à pas dans toutes leurs opérations, d'admirer la sagesse de leurs principes, l'équité de leurs vues et de bénir Dieu qui a créé les bons princes pour le bonheur de leurs sujets.

Je ne verrai pas probablement ces jours fortunés, qui luiront sur les Prussiens. Ma malheureuse santée, altérée par mes chagrins et mes travaux, ne me fournira pas une carrière assez longue pour me joindre aux bénédictions du peuple confié à la justice et à la bienfaisance de Votre Altesse Royale ; mais au moins mourrai-je avec la douce satisfaction d'avoir prédit ces jours heureux du règne de Frédéric III ; et c'est assez pour moi.

Après toutes les marques de bonté, dont vous m'avez honoré, Monseigneur, et qui resteront toujours gravées dans mon cœur, il me reste une seule grâce à vous demander, c'est de me charger de ce dont Votre Altesse Royale me jugera capable à Paris, et de me croire avec le dévouement.... etc., etc. » (Cf. Lettre de Lekain à S. A. R. Monseigneur le Prince de Prusse, 11 septembre 1775. Cette lettre se trouve dans les *Mémoires* de Lekain. Paris, Ponthieu. 1825. Un vol. in-8º.)

(50) Le Baron von Arnim fut nommé Directeur des Spectacles en janvier 1776. Le Roi lui écrivit :

« Pour Vous mettre à même de Me continuer vos fidèles services, Je veux bien Vous ouvrir une nouvelle carrière et Vous confier le poste de Directeur de Mes Spectacles, vacant par la mort de Mon Chambellan Comte de Zierotin. Les ordres pour l'expédition des patentes et de l'assignation des appointements y attachés, sont déjà donnés à Mon Département des Affaires étrangères ; et Je M'attends de Votre zèle, que Vous ferez tous vos efforts pour Vous acquiter des devoirs de cette charge à Ma satisfaction. Sur ce.... etc. » (Cf. Lettre de Frédéric au Baron von Arnim. Potsdam, 19 janvier 1776.) (Preusz: *Op. cit. Urkundenbuch.* III, 187.)

(51) Voici la lettre de Frédéric au Baron von Arnim :

Den 12. April. An den Directeur des Spectacles. V. Arnim.

Lieber Getreuer! Ich habe Euch zu Eurem Verhalten, in Ansehung des französischen Theaters nachstehende Vorschrift geben wollen :

1) Was das Engagement der Comedianten betrifft, so müssen die Leute nicht auf ein Jahr, sondern auf 4, 5, 6 Jahre engagirt werden, das macht nicht so viele Kosten und Depensen, denn wenn die Leute auf einige Jahre angenommen sind, so braucht es nur einmal Reisegeld, werden hingegen alle Jahr neue Leute verschrieben, so erfordert es auch alle Jahr neue Reisegelder, welches eine unnöthige dépense ist, die man füglich ersparen kann. Ihr könnet dennoch das schlechte Crop, so jetz noch bei dem französischen Theater ist, nur gleich und je eher je besser wegschaffen, und Euch bemühen, dafür recht gute und ordentliche und geschickte Leute zu engagiren, je doch wie gesagt, nicht auf ein Jahr, sondern auf 5 bis 6 Jahr, umb die vielfachen Reisekosten zu menagiren.

2) Müszet Ihr Euch angelegen sein lassen, die Comœdianten in guter Ordnung zu erhalten, und ein scharfes Auge darauf haben, dasz sie ihre Sachen hübsch machen, dasz sie nicht impertinent werden und keine schlechte Streiche vornehmen, dasz sie eine gute Aufführung und Conduite bezeigen und keine Schulden machen : Ueberhaupt müsset Ihr mit den Comœdianten nicht so viele Complimente machen, vielmehr wenn selbige sich schlecht und ungebührlich betragen, sie deshalben brav bestrafen, sonst kommt Ihr mit ihnen nicht durch und zur rechten Ordnung, die doch schlechterdings dabei erfordert wird.

3) In Ansehung der Mädchens und Comœdiantinnen müsset Ihr Euch ebenfalls um gute ordentliche Personen bemühen, und solche, die gar zu lüderlich und ausgelassen sind, gar nicht annehmen, denn daraus enstehet gleich wieder nur neue Unordnung, und die andern werden mit dadurch verführet. Und da in dem Elsass ein gewisser Aufresne sich befindet, der ein geschickter Mensch für das Theatre ist, so müsset Ihr mit demselben correspondiren, vielleicht entrepreniret derselbe die ganze Sache oder er kann auch mitspielen. Uberhaupt müsset Ihr Euch dahin bemühen recht gute und ordentliche Leute zu bekommen, und

ein genaues Auge über deren Aufführung haben, diejenigen, die sich ungebührlich betragen, brav bestrafen, so werdet Ihr mit ihnen schon in Ordnung kommen und das Theatre wird beim Publicum wieder ein Ansehen erlangen. Macht Ihr aber mit selbigen viele Umstände mit Complimente, so wird es niemals was ordentliches werden. Was endlich die Anzahl der Personen betrifft, so sind, wenn blosz Comœdien und Tragœdien vorgestellet werden, ihrer 12 bis 14 hinlänglich genug. Sollen aber auch Singestücke aufgeführet werden, so sind ihrer kaum 20 genug und dazu reicht das Geld nicht ihn. Ihr habt Euch also nach vorstehenden zu achten, und bei allen eine rechte regulaire Einrichtung zu machen, auch dahin zu sehen, dasz mit den Geldern eine gute Wirtschaft geführet, und auch die Casse in einer beständigen Ordnung und Richtigkeit erhalten werde. » (Cf. Kgl. Geheim. Staats-Archiv (Berlin Klosterstrasse) Kabinet Befehl an den Directeur des Spectacles von Arnim. Rep. 94 IV L. D. 35.)

(52) Les comédiens français jouaient au Théâtre de Monbijou en 1774. (Cf. Lettre de Frédéric au Comte von Zierotin Lilgenau. Potsdam, 22 mars 1774.) (Preusz : *Op. cit. Urkundenbuch*. III, 174.)

(53) Le nouveau Théâtre fut commencé en 1774 (Cf. Lettre de Frédéric au Comte von Zierotin Lilgenau. Potsdam, 12 février 1774.) (Preusz : *Op. cit. Urkundenbuch*. III, 173.)

(54) Après le départ des acteurs français (avril 1778), le Théâtre du Gendarmenmarkt resta inoccupé jusqu'en 1786. A cette époque, le Directeur Doebblin en prit possession. La dernière représentation donnée dans la salle élevée par Boumann eut lieu le 31 décembre 1801. Le programme se composait de la *Jungfrau von Orléans* et d'un *Epilogue* d'Iffland. Au commencement de l'année 1802 fut inauguré le Neue Schauspielhaus construit par Langhans et l'on démolit l'ancienne Comédie française. (Cf. Schäffer und Hartmann : *Op. cit.*, p. 284 et 285.)

(55) Cf. Plümicke : *Op. cit.*, p 381.

(56) Cf. Plümicke : *Op. cit.*, p. 159. Les spectacles publics avaient lieu toute l'année. La Comédie française ne fermait ses portes que pendant un mois, au moment des fêtes de Pâques.

(57) Cf. Lettre de Frédéric au Baron von Arnim. Potsdam. Den 6 Julii 1776. (Preusz : *Op. cit. Urkundenbuch.* III, 192)

(58) Cf. Lettre de Frédéric au Baron von Arnim. Potsdam, 8 juillet 1776. (Preusz : *Op. cit. Urkundenbuch.* III, 195.)

(59) Cf. Lettre de Frédéric au Baron von Arnim. Potsdam, 10 octobre 1776. (Preusz : *Op. cit. Urkundenbuch.* III, 195.)

(60) Cf. Plümicke : *Op. cit.*, p. 382.

(61) Cf. Guyton de Morveau : *La Vie privée d'un Prince célèbre ou détails des loisirs du Prince Henri de Prusse dans sa retraite de Reinsberg*, p. 38. A en croire Guyton de Morveau, Mlle Fleury était loin d'être bête. Pour le prouver, écrit l'auteur de la *Vie privée*, « je citerai une des réponses heureuses qu'elle fit à Sa Majesté et qui lui valut de la part du Monarque la grâce qu'elle étoit allée solliciter. Le Roi l'ayant apperçue dans ses appartemens un mémoire à la main, s'avança pour le prendre lui-même, en lui disant sur le ton de plaisanterie, qui lui est familier : *Je me prosterne aux pieds de Cléopâtre.* — *Et moi, Sire, aux pieds de Mars*, répondit la Fleury. »

(62) « Un soir à souper chez Madame de Troussel, où je me trouvais voisin de M. de Kaphensk, écrit le Baron Thiébault, il me cita les vers, où Voltaire dit que si l'on veut se damner, il faut au moins le faire pour des péchés aimables..... J'entends, lui répondis-je, si vous voulez aller au diable, vous voudrez au moins y aller par un chemin *fleuri*. — Monseigneur, dit-il au Prince Henry, écoutez la bonne épigramme que M. Thiébault vient de me faire..... Ce qui donnait le caractère d'une épigramme à ma réponse, c'est que depuis deux jours il avait conclu un marché, que le public ignorait encore, avec une fort belle actrice, qui se nommait alors Mlle Fleury. » (Cf. Dieudonné Thiébault : *Op. cit.* II, 164.)

(63) Dans une lettre datée du 29 janvier 1786, Mlle Fleury demanda à Frédéric de recommander son mari, pensionnaire de la Comédie italienne, au Maréchal de Richelieu. Voici cette lettre qui se trouve aux Archives d'Etat :

Sire,

il y a six ans que j'eus un moment l'espoir de contribuer encore aux amusemens de votre Majesté. Mon mari et moi nous brûlions également d'y consacrer nos foibles talens; il s'i rencontra des obstacles et nous en fûmes pénétrés de regrets; un évenement heureux a depuis fixé mon mari à la Comédie italienne, à laquelle on a joint à cette époque une Comédie française. Il y est depuis quatre ans sous les ordres de M. le M^{al} de Richelieu. Son avancement dépend absolument de ce Seigneur et je sais que votre Majesté lui fait quelquefois l'honneur de lui écrire.

Si pour prix du zéle, que j'ai toujours montré pour son service et par une continuation de ses bontés pour moi, Votre Majesté, daignoit lui recommander le sort de mon mari, je seroit bien sur de mon bonheur et de l'empressement qu'il mettroit à lui rendre la justice qu'il mérite, mais dont les protections puissantes ou les importunités pour d'autres éloignent l'effet. J'ose attendre cette grâce de la bienfaisance de Votre Majesté; elle a daigné mi accoutumer et mon cœur reconnoissant en conservera à jamais la mémoire.

Je suis avec le plus profond respect,
Sire, de Votre Majesté
la très humble et très
obéissante servante
fleury, femme *Courcelle*
pensionnaire du Roi à la Comédie
italienne.

Paris le 29 janvier 1786. »

(Kgl. Geheim. Staats-Archiv. (Berlin Klosterstrasse) Acta des Kabinets König Friedrich's II. Rep. 96, 401 T.)

(64) Cf. Lettre de Frédéric au Baron von Arnim. Potsdam, 30 mars 1778. (Preusz : *Op. cit. Urkundenbuch.* III, 199.)

(65) Voici la Supplique et le Mémoire précédé d'un Précis, que les comédiens envoyèrent à Frédéric :

a) SUPPLIQUE.

Sire,

Pleins de confiance dans l'*Equité* et la Justice de VOTRE MAJESTÉ, les acteurs de la Comédie française osent en réclamer les effets.

Les ordres de VOTRE MAJESTÉ pour le Renvoi du Spectacle français nous ont été signifiés hier premier avril par une Circulaire de M. d'Arnim en date du 31 Mars; mais, Sire, nous nous trouvons dans la plénitude de nos Engagemens. Nous avons été appelés par les Ordres de VOTRE MAJESTÉ à Son Service; par Ses mêmes Ordres, ainsi que le portent nos contrats, nous avons été ré-engagés, les uns pour un an, d'autres pour deux ou trois années. Le nom de VOTRE MAJESTÉ nous a servi de garant et l'état le plus affreux va devenir le fruit d'une confiance si légitime.

L'année théatrale commençant immédiatement à pâques, nous ne pouvons espérer aucune place dans notre patrie où presque tous nous avons refusé de retourner d'après l'assurance de notre sort au Service de VOTRE MAJESTÉ. Notre ruine est inévitable. Nous allons perdre le fruit de nos travaux en ce qu'on nous renvoye sans les dédomagemens que nous assurent nos engagemens, nos droits et les usages, sur la foi desquels nous nous expatrions.

Nous n'osons point supplier VOTRE MAJESTÉ de daigner ordonner la révocation de Ses Ordres pour le cours de cette année théâtrale, ce qui ferait notre bonheur, mais nous prendrons la liberté d'exposer sous Ses yeux ce qui s'est pratiqué dans toutes les cours, ce qui se pratique partout, où dans de pareilles circonstances on donne à chaque acteur la moitié de son engagement quand il l'a pour plus d'une année et son année d'appointemens lorsque son engagement ne renferme que ce terme.

Serions-nous les premiers et les seuls étrangers à qui le nom sacré de FRÉDÉRIC auroit causé des larmes? Non. Sire, nous osons l'espérer. VOTRE MAJESTÉ n'avoit pas connu nos droits. Elle les connoît et Elle ne souffrira pas que nos gémissemens se fassent entendre au milieu des acclamations et des éloges de l'Europe.

Nous sommes avec le plus profond respect,
    Sire
        de VOTRE MAJESTÉ,
    Les très humbles et très obéissans Serviteurs.

Lauberty et sa femme. Mlle *Fleury*. *Courcelle*. *Dorival*. *Cléricourt* et sa femme. *Oyez*. Mlle *Henneguy*. Mlle *Sauvage*. *Julien*. *Le Bauld-de-Nans*. *St-Amant*. *Tissot*. *H. Montroze* fils, Mlle *Perrin*.

Berlin, 2 avril 1778.

b) PRÉCIS.

Sire,

LES ACTEURS de la Comédie Française de VOTRE MAJESTÉ par le renvoi inattendu de leur Troupe sont exposés au sort le plus affreux, comptant de puis plusieurs mois sur des Engagemens renouvellés au Nom de VOTRE MAJESTÉ par M. d'Arnim comme Directeur et Entrepreneur. Obligés de se dépouiller pour retourner dans leur Patrie, une misère cruelle les menace d'autant plus qu'ils sont dans l'impossibilité de trouver aucune Troupe pour l'année théâtrale. Ils prennent la liberté d'exposer leurs raisons dans le mémoire cy joint, dont ils supplient VOTRE MAJESTÉ de se faire faire la Lecture.

Si rien ne peut être changé à leur état, Ils prient très humblement VOTRE MAJESTÉ de daigner les Sauver de leur ruine absolue en leur réservant leurs droits sur M. d'Arnim; Et Cependant leur permettre de jouer pour leur Compte et à leurs risques Sur le Théâtre Royal de la place des Gendarmes, afin de se soutenir jusqu'à un instant plus favorable, ou de se faciliter les moyens de retourner dans leur Patrie.

Leurs vœux ne cesseront d'être portés au Ciel pour la conservation de VOTRE MAJESTÉ et la prospérité et la Gloire de ses Armes.

De VOTRE MAJESTÉ

Les très humbles et
très Obéissans Serviteurs.
Les Acteurs réengagés de la troupe
de Comédie Française.

Actrices :

Fleury.
Hennegui.
Perrin.
Sauvage.

Acteurs :

Le Bauld-de Nans. Courcelle.
Clericourt et sa femme. *Julien.*
Laubertie et sa femme. *Tissot.*
Oyez. St Amant.
H. Monrose fils.

Berlin, le 10 avril 1778.

c) MÉMOIRE.

MÉMOIRE POUR LES ACTEURS DE LA TROUPE DE COMÉDIE FRANÇAISE DE SA MAJESTÉ.

LE RENVOI DE LA TROUPE de Comédie française au Service de Sa Majesté signifié le 1er avril par une Circulaire de M. d'Arnim et daté du 31 mars, avec déclaration que ses Appointemens sont rayés et retirés, expose au sort le plus fâcheux les familles de ceux des Acteurs qui ont été ré-engagés, et qui se reposaient sur la Valeur des engagemens contractés sous le nom et l'Autorité du Roi. Mais ils ont trop de Confiance dans l'Equité et la Justice de SA MAJESTÉ, et ils se flattent qu'elle daignera écouter favorablement les raisons qui militent en leur faveur.

C'EST SUR LA FOI des contracts désignés sous le titre particulier d'engagemens, que les Acteurs français établissent et assurent leur sort et leur fortune dans leur Patrie ; c'est sur la foi des mêmes contracts qu'ils passent au service des Princes Etrangers qui les appellent dans leurs Cours. Ces contracts ont toujours été respectés dans toutes les circonstances possible : les Acteurs sont tenus d'en remplir les clauses, les intendans des Spectacles des Souverains les observent également ; la Gloire de leurs Maîtres leur en fait un devoir ; et l'Equité et la Raison leur en font une loi indispensable. Ils savent faire obéir les Acteurs résistens, par le pouvoir que donnent les Engagemens et ils ne peuvent renverser les usages qui font la base des Droits des Acteurs et qui sont observés et reconnus en tous Lieux.

LES CIRCONSTANCES qui accompagnent le renvoi actuel de la Troupe de Comédie de SA MAJESTÉ, attaquent les Droits des Acteurs ; et c'est pour les faire connoître et pour les réclamer qu'ils Elevent la voix.

LES ACTEURS SUPPLIANS ont été engagés au Nom de SA MAJESTÉ. C'est sur ce Garant qu'ils se sont expatriés ; ce même Garant les retenait et les rassurait contre les Evénemens. Les Expressions, le contenu des Engagemens ne leur permettaient pas d'avoir le plus léger soupçon, la plus foible inquiétude.

Nous le baron d'Arnim, Chevalier de l'ordre de Dannenberg, Seigneur de Friedensfelde, Neudorff et Kaackstedt, Sur intendant et Directeur Général des Spectacles et menus plaisirs de SA MAJESTÉ LE ROI DE PRUSSE, Son Chambellan actuel et cidevant Envoyé Extraordinaire aux Cours de Dannemarck et de Saxe, Chanoine de l'Illustre chapitre de Brandenbourg.

*En Vertu des Ordres et Lettres Patentes de SA MAJESTÉ
avons engagé et Engageons par les présentes pour le Service de la
Cour et de la ville le Sr. Sr. pour jouer les Emplois &ª &ª. . . .
. . . .
Aux Appointemens de. . . . payables par Egales portions de
mois en mois tant à la Caisse royale de SA MAJESTÉ qu'à
celle de la recette de la Porte. Le présent engagement valable
pour. . . . ans commencera au Lundi de quasimodo de l'année* 1778
et finira au Samedi Veille des Rameaux 177 —. *Voulons que le présent engagement ait autant de force et de valeur que passé par devant Notaire, à peine de tous dépens, dommages et intérêts contre
le premier des Contrevenans, payables en tous lieux et sous toutes
sortes de Juridictions sans qu'aucune raison ni aucune Espèce de
dédit puissent l'annuller. en foi de quoi donné à Berlin le. . . .
&ª.   Signé d'Arnim.*
N. B. *Plusieurs de ces engagemens sont faits depuis* 3, 4 *et* 5 *mois*.

LES ACTEURS, comme le prouve cet Exposé, sont engagés en vertu des Ordres et Lettres Patentes de SA MAJESTÉ. Ils n'ont à craindre, dit la fin du contract, qu'aucune raison ni aucune espèce de dédit puisse l'annuler. Voilà les points fondamentaux sur lesquels ils établissent leurs droits et qu'ils appuyent leurs réclamations. Jamais Droit ne fut mieux Etabli ; ne fut mieux cimenté ; et il est hors de doute que SA MAJESTÉ n'a pas été instruite de ces faits, lorsqu'Elle a ordonné le renvoi de Sa troupe. M. d'Arnim a-t-il été au delà de ses pouvoirs, c'est ce que nous n'osons croire : Et quand la chose serait, Elle ne pourrait, en rien infirmer les Droits des Acteurs. Nous espérons que SA MAJESTÉ daignera prendre en considération un article d'aussi grande importance, pour l'état et la fortune d'Etrangers, qui ont cru avoir toutes les assurances possibles pour leur sort, en s'expatriant et se transportant à Berlin ; puisque ces assurances portent le nom sacré de SA MAJESTÉ.

LE SPECTACLE, peut être interrompu, mais les appointemens des Acteurs, la teneur de leurs Engagemens ne peuvent souffrir l'atteinte qui leur est portée. Aucune raison, aucune espèce de dédit n'y peut donner lieu. Sans des assurances aussi fortes, respectées et observées en tous lieux, quel est celui des Acteurs qui consentirait à s'Expatrier pour être Exposé à perdre sa fortune, à l'instant même où il se croirait à l'abri d'un revers aussi cruel, à deux ou trois cents Lieues de sa Patrie ? Quel est celui des Acteurs qui voudrait s'exposer à une ruine certaine, à retourner en france dépouillé de tout et dans la plus grande misère ? C'est cependant ce qui menace les acteurs de la troupe de SA MAJESTÉ, tandis que leurs engagemens seuls devaient les rassurer contre ce malheur ; avec d'autant plus de raison encore que SA MAJESTÉ ne l'avait pas fait Eprouver à Sa troupe, en aucun tems.

LES USAGES DE LA COMÉDIE parlent en faveur des Acteurs suppliants. L'Exposé de la teneur des Engagemens annonce que l'Année théâtrale commence au lundi, lendemain de la quasimodo, et finit le Samedi, veille des Rameaux. Si leurs Contracts actuels pouvaient être cassés par quelque raison, cependant cette cassation ne pourrait avoir lieu qu'au préalable on n'eût rempli à leur Egard, des obligations Particulières, et dont rien ne peut dispenser. C'est que les engagemens, en france même, ne peuvent être annullés sans que la Partie qui veut se retirer ne paye des dédomagemens, qui augmentent à mesure que l'on approche de la clôture du Théâtre, et relativement à l'Etendue de la durée du Contract : ensorte que le délinquant doit (outre les appointemens de moitié du terme de l'Engagement, lorsqu'il s'étend à plusieurs Années, et des Appointemens de l'Année entière, lorsque l'Engagement n'est que pour le terme d'un an) payer encore les dépenses, dommages et intérêts qui peuvent en résulter. Ces usages sont en pleine vigueur partout : et les Cours de Dannemark, de Suède, de Pologne, de Vienne, d'Hanovre, de Stuttgard, de Manheim, n'ont point hésité à les remplir, lorsque des circonstances les ont obligés de renvoyer leur Spectacle français. En refusant de reconnaître ces usages, elles auraient porté atteinte à leur justice, et Elles auraient excité avec bien de la raison les cris des infortunés qu'elles auraient faits.

LES ACTEURS DE SA MAJESTÉ représenteront en outre qu'une fois les engagemens contractés, les Paroles engageatoires même données simplement, un Acteur, qui voudrait se retirer, n'en aurait ni le pouvoir, ni la Permission ; autrement il n'y aurait pas de Sureté dans la fortune de Vingt à trente personnes qui composent ordinairement une troupe. Un exemple Récent arrivé dans notre troupe actuelle, appuiera ce qui est ici allégué. Un de nos Acteurs était appelé à la comédie française de Paris, il y a un mois ; il s'agissait de sa fortune par cet Etablissement. Cependant M. d'Arnim lui a refusé la permission de se retirer et de profiter d'une Conjecture aussi favorable. Si donc les Acteurs n'ont pas le droit de se retirer lorsqu'ils ont une fois contractés, ne doivent-ils pas aussi naturellement jouir du Droit de ne point être congédiés avant l'Expiration de leurs Engagemens, ou sans qu'on n'en remplisse envers Eux les obligations ?

L'INCONDUITE DES ACTEURS ne peut leur avoir attiré le malheur qui les accable. Le Public veut en trouver la cause dans une demande déplacée d'augmentation à laquelle les Acteurs n'ont aucune part, si ce soupçon est fondé : Ils étaient contents de leur Sort et des fonds de dix mille Ecus assignés par SA MAJESTÉ puisqu'ils avaient contractés avec M. d'Arnim depuis 2, 3, 4 et 5 mois, et d'après la Connoissance qu'ils avaient de ces fonds.

SI M. D'ARNIM n'a pas instruit SA MAJESTÉ de ces engagemens, il reste responsable envers les Acteurs qu'il a réengagés, en sa qualité d'Entrepreneur et de Directeur. En Donnant à SA MAJESTÉ connoissance de ces contracts, le renvoi de la troupe ou eût été accompagné de circonstances beaucoup moins sinistres, ou n'eût pas été ordonné pour ce moment, tems auquel les Acteurs sont dans la Plénitude de leurs engagemens, et au quel il leur est de toute impossibilité de trouver à se Placer, toutes les troupes étant formées et complettes pour l'année Théâtrale. Ils représenteront encore que sur la foi de leurs Engagemens, ils ont fait des Dépenses en conséquence de la Solidité qu'ils étoient persuadés d'avoir ; et relativement à la Durée de leurs engagemens ; Dépenses qu'on ne peut leur reprocher d'avoir faites à la Légère et qui cependant vont leur porter le Préjudice le Plus cruel. Quelques-uns ont contracté des dettes qu'ils seront dans l'impossibilité de Payer, sans se dépouiller entièrement, et ils seront encore hors d'Etat de pouvoir regagner leur Patrie, ayant Epuisé toutes leurs ressources pour satisfaire leurs Créanciers. Ceux d'entre eux qui sont chargés de famille sentiront plus horriblement encore le Poids de cette disgrace. Ils croyaient, sous les auspices de SA MAJESTÉ, voir et pouvoir Elever tranquillement et heureusement leurs enfans, aux quels ils Espéraient faire un Etablissement dans ses Etats. Tout est renversé et ils ne recueilleront peut-être que des Larmes bien amères pour le fruit des Sacrifices qu'ils ont faits dans leur Patrie.

SI PAR DES RAISONS qu'il ne leur est point permis de Pénétrer, cet exposé ne peut apporter de Changement à leur sort, les Acteurs, en se réservant leurs droits et recours contre et sur Mr d'Arnim, si le cas y échoit, supplieront très humblement SA MAJESTÉ de daigner les Garantir d'une ruine totale en leur permettant actuellement de jouer pour leur Compte et à leurs risques sur son Théâtre de la Place des Gendarmes. Ils espèrent par cette Grace, et d'après les dispositions favorables du Public, gagner de quoi se soutenir, en attendant un sort plus heureux ; ou se faciliter les moyens de retourner dans leur Patrie, sans être obligés d'en venir à la cruelle et fatale extrémité de se dépouiller de leurs Garderobes qui sont les instrumens nécessaires de leur vie, et sans les quelles leur Talent quelqu'Eminent qu'il pût être deviendrait inutile.

Ils osent assurer SA MAJESTÉ qu'ils Eviteront avec le plus grand soin que Personne puisse porter des Plaintes contre eux.

LES EXEMPLES multipliés et toujours constans de la Justice et de la Bienfaisance de SA MAJESTÉ font espérer aux Acteurs supplians qu'Elle daignera étendre ses Bontés sur eux. Ils ne cesseront d'adresser leurs vœux au Ciel pour la Conservation de SA MAJESTÉ ; Le Priant de répandre ses bénédictions sur sa personne sacrée, son Auguste Maison, ainsi que sur ses Glorieuses Armes.

Les Acteurs Ré-engagés
de la Troupe de Comédie française de SA MAJESTÉ.

Actrices.	Acteurs.
Sauvage	*Cléricourt* et sa femme.
Fleury.	*Laubertie* et sa femme.
Hennegui.	*Le Bauld-de-Nans*.
Perrin.	*Oyez. Julien. Tissot.*
	St Amand. H. Montrose fils.
	Courcelle. »

(Kgl. Haus-Archiv. (Charlottenburg) Acta betr. Theater-Angelegenheiten. F. 96 Uu.)

(66) Cf. *Répertoire du Théâtre français à Berlin*. Collections de comédies, vaudevilles, etc. Berlin, Schlesinger. 1829-1848. 30 vol. in-8º.

CHAPITRE IV

LE BALLET DE L'OPÉRA ROYAL

1742-1786

(1) SOURCES : Kgl. Haus-Archiv. (Charlottenburg) : Acta betr. Theater-Angelegenheiten. F. 96. Uu. — Kgl. Geheim. Staats-Archiv. (Berlin Klosterstrasse) : König. Manusi boruss. Fol. 295. R. 92. König 295; Acta des Kabinets König Friedrich's II. Rep. 96, 401 T.; General « Domainen-Cassen » Etats. N° 13. — Les livrets des Opéras de Hasse et de Graun, où se trouvent les distributions des ballets. — Frédéric II : *Correspondance*.

A CONSULTER : Preusz : *Op. cit.* — Schneider (L) : *Op. cit.* — Brachvogel : *Op. cit.* — Röseler : *Die Barberina*. — Thouret (G.) : *Die Musik am Preuszischen Hofe im 18 Jahrhundert.* (Hohenzollern Jahrbuch 1897.) Nous indiquerons en note les autres références.

(2) Cf. *Dict. des Théâtres. Op. cit.* VII, 663. Mlle Roland, fille d'un danseur, qui avait appartenu au Duc de Mantoue, débuta à la Comédie italienne le 1er mai 1732 dans *Les caractères de la danse*.

Elle avait alors dix-sept ans. Son succès fut éclatant : « Les cabrioles et les entrechats ne lui coûtent rien, écrivit le critique du *Mercure*, et quoiqu'elle ait encore bien des perfections à acquérir, le public qui la regarde comme un très bon sujet, l'a fort applaudie. » (Cf. *Mercure de France*. Mai. 1732.)

Mlle Roland s'essaya également dans quelques personnages de comédie et s'en tira avec honneur. Elle joua entre autres le rôle principal dans *Colombine, avocat pour et contre*, de Fatouville.

Au mois de septembre 1734, la jeune fille, se trouvant insuffisamment rétribuée (elle n'avait qu'un quart de part), passa à l'Opéra de Londres. C'est à ce théâtre qu'elle se lia avec le sieur Poitiers.

Les deux artistes rentrèrent à Paris en 1740. Le 12 septembre de cette année, Mlle Roland reparut sur la scène des Italiens et y joua avec son camarade jusqu'au mois de février 1742. (Cf. *Dict. des Théâtres, Op. cit.* IV, 515 et VII, 662.)

(3) Cf. Lettre de Frédéric à Algarotti. 18 juillet 1742.

(4) Opéra de Graun.

(5) Témoin cette supplique que Mlle M. Cochois et le Sieur Tessier adressèrent au Roi :

« Nous sommes nécessités de nous jeter aux pieds de Votre Majesté et d'implorer sa protection contre le Maître de Ballet, qui nous a empêchés hier, outre mille mauvais traitemens que nous avons essuyés depuis que nous sommes icy, de dancer un pas de deux beaucoup plus brillant que celuy que nous avons dancé, et comme nous l'avons représenté hier par une lettre à Votre Majesté envoyé à M. de Fredersdorff, nous ne nous opposons point de dancer dans les grands Ballets de l'Opéra les Airs de notre genre qu'il y aura placés, mais il devroit être indifférent à Monsieur Poitier quel pas de deux nous dansons à la Comédie. Cet homme agit avec une telle tyrannie sur nous qu'il viole tous les jours nos engagemens, disant qu'il ne les considère en aucune façon, nous veut faire quitté le service de Votre Majesté ; il nous y forcera à la fin et nous sommes même nécessités de supplier Votre Majesté de nous permettre de nous retirer, nous et nos familles, si Votre Majesté permet plus longtemps que nous soyons exposés à voir violer nos engagements par un homme qui abuse de son titre de Maître de Ballet et qu'il nous empêche de remplir notre devoir selon le zèle avec lequel nous sommes... *etc.*

Marie Cochoy et Tessier. »

(Kgl. Geheim. Staats-Archiv. (Berlin Klosterstrasse) König. Manusi. Boruss. Fol. 295. R. 92. König. 295.)

(6) Voici l'article de Frédéric qui parut dans la *erlinische Zeitung*. N° CI. 1743 :

« Ces jours passés, le Comte Gotter et le Baron de Sweerts, directeurs de l'Opéra, ont été obligés de chasser le Sieur Poitier, maître des ballets, qui exerçait une brutalité tyrannique sur les danseurs, et dont l'arrogance allait si loin, qu'il commit mille insolences envers ces directeurs. Sans entrer dans le détail de tous ses mauvais procédés, dont le dénombrement ne serait propre qu'à ennuyer le public, on ne regrette que la demoiselle Roland, très bonne danseuse et dont le caractère doux et aimable réparait en quelque sorte les impertinences de son associé. Sans entrer dans l'espèce de liens qui peuvent unir la demoiselle Roland au sieur Poitier, on n'a pu les séparer jusqu'à présent et l'on ne peut acheter la possession d'une des plus grandes danseuses de l'Europe qu'en se chargeant en même temps du fou le plus brutal et le plus brusque que Terpsichore ait jamais eu sous ses lois. Ainsi il n'y a aucun or sans alliage, ni aucune rose sans épines. »

Jordan fut prié d'insérer ces lignes dans les Gazettes de Paris et de Londres. (Cf. Lettre de Frédéric à Jordan. Potsdam, 24 août 1743.)

(7) Cf. Lettre de M. de Chambrier au Roi. Paris, 15 octobre 1743.(Kgl. Geheim. Staats-Archiv. (Berlin Klosterstrasse) Acta des Kabinets König Friedrich's II. Rep. 96, 401 T.)

(8) Cf. Lettre de Frédéric au Comte de Rottembourg. Berlin, 21 novembre 1743.

(9) Sur l'engagement de la Barberina et sur ses amours avec Lord Stuart de Mackenzie, voir : Röseler : *Op. cit. ;* Schneider : *Op. cit. ;* Blaze de Bury : *Le Chevalier de Chasot*. On trouvera dans

ces ouvrages la correspondance de Frédéric avec le Comte de Cataneo et les lettres des deux amants.

(10) On lui fit même des vers latins :

« In Donnam Barberinam.
In Te naturæ rarum est certamen et artis :
Dotibus ista suis se probat, illa suis.
Hic Phrygius, tribuat judex cui præmia palmæ,
Haeret, et arbitrii defugit usque caput.
Juno gradu placuit, specie Venus, arte Minerva :
Barbara divarum singula sola tenet.
Perpetua Superi servent Tibi lege iuventutam,
Nil Te nobilius vel Venus ipsa dabit. »

(11) Opéra de Métastase pour les paroles et de Graun pour la musique, représenté en 1743.

(12) Opéra de Métastase pour les paroles et de Graun pour la musique, représenté en 1744.

(13) Opéra de Graun, représenté en 1746.

(14) Opéra de Hasse, représenté en 1746. Voici la distribution des ballets de cet ouvrage :

ACTE I

Sacrifice à Teuto.

Entrée seule :
M^r. Tessier.

Pas de deux :
Mad^{lle} Barbarina et Mr. Lany.

Entrée seule.
Mad^{elle} Lany.

Mssrs. { *Figurants :* Le Clerc, Giraud, Cochois, Noverre, du Bois, Neveu.

Mad^{elles} { *Figurantes :* Cochois, Tessier, Campanini, Auguste, Artus, du Portail.

ACTE II

Réjouissance du Peuple Romain.

Pas de deux.   *Entrée seule.*

Mr. Artus et Mr. Josset.   Mad^{elle} Cochois.

Figurants :   *Figurantes :*

Mssrs. { le Clerc, Giraud, Cochois, Noverre, du Bois, Neveu.

Mad^{elles} { Cochois, Tessier, Campanini, Auguste, Artus, du Portail.

ACTE III

Ballet des Héros.

Entrée seule :   *Entrée seule :*

Mr. Artus.   Mad^{elle} Lany.

Pas de deux :   *Pas de deux :*

Mad^{elle} Cochois et M. Tessier.   Mad^{elle} Barbarina et Mr. Lany.

Figurants :   *Figurantes :*

Guerriers.   Amazones.

(15) Cf. Brachvogel : *Op. cit.*, p. 126.

(16) Voici les Mémoires des Sœurs Hauchecorne, costumières de l'opéra, pour les années 1745 et 1746 :

COMPTES
Des Livraisons des Sœurs Hauchecorne.
Pour les Opéras de 1745-1746.

N° 1
POUR M^{dlle} BARBARINI
POUR LA DANSE DE STATUE

1745	4 Décembre.	Un bonnet de velours garni de geai.	1	12
		Une grande plume de geai.		16
		6 pompons dito.		12
		Un grand Esclavage.	2	18
		Girandoles de perles.	2	12
		Un bouquet de geai et de fleurs d'Italie.	2	18
		Manchettes de blondes fines.	2	12
		Un tour de gorge dito.	1	20
		Une colerette de même.	2	12
		3 aunes ruban blanc pour les cheveux.		12
			18	

N° 2
POUR M^{dlle} BARBARINI
POUR LA DANSE DE JARDINIÈRE

Un grand tablier de gaze, orné de blondes et de pompons.	16	
Manchettes de fine blonde.	2	12
Tour de gorge de blonde.	2	
Un chapeau garni de pompons et de rubans.	3	
Une colerette de blonde et de fleurs.	2	12
Une solitaire dito.	1	16
Un grand Esclavage de perles.	4	
Girandoles de perles.	2	

Un grand bouquet de fleurs d'Italie.	2	
Un bouquet de petites fleurs d'Italie.		18
3 aunes ruban pour les cheveux.		12
	36	22

N° 3
POUR M^{dlle} MARIANNE COCHOIS
POUR LA DANSE DE FLORE

Une paire de manches de cour en gaze et blonde garnies en rose et argent.	7	12
Une colerette dito.	1	12
Un tour de gorge de blonde.		12
Une solitaire de blonde garnie.	1	8
Une busquière dito.	1	16
Un nœud de paille dito.	2	18
Bracelets garnis.	2	18
Nœuds pour les bras dito.	1	12
Barbes de blonde garnies.	2	18
Un grand bouquet.	2	
12 fleurs fines pour la tête.		18
Un Esclavage de perles.	2	18
3 aunes ruban pour les cheveux.		12
	28	6

N° 4
POUR M^{dlle} MARIANNE COCHOIS
POUR LA DANSE BERGÈRE

Une paire de manches de cour de blondes avec chenille verte et fleurs.	7	12
Une colerette dito.	1	12
Un tour de gorge dito.		12
Une solitaire dito.	1	8
Un nœud d'épaule dito.	2	18
Bracelet ou cache coude.	2	18

Nœud pour les bras.	1	12
Un chapeau garni.	1	
3 plumets.		18
12 fleurs pour la tête.		18
3 aunes ruban pour nouer les cheveux. . . .		12
Un grand bouquet de fleurs d'Italie.	2	
Une grande guirlande dito.	4	
Une dito plus petite pour la tête.	2	18
Nœud de ruban pour la grande guirlande. . .		6
	29	20

N° 5
POUR M^{dlle} LANIS
POUR LA DANSE DE BERGÈRE

Une paire de manches de cour gaze et blonde, garnies de fleurs.	7	12
Une colerette dito.	1	12
Un tour de gorge.		12
Une solitaire.	1	8
Un esclavage de perles.	2	18
2 plumets blancs.		12
Une paire de bracelets garnis.	2	18
Un chapeau dito.	1	8
3 aunes ruban pour les cheveux.		12
Un grand bouquet d'Italie.	2	
12 fleurs pour la tête dito.		18
Un nœud d'épaule garni.	2	18
Pour la danse de l'Amour un bandeau ou bourlet blanc.	1	
	25	4

N° 6
M^{dlle} SAUVAGE
POUR LA DANSE DE BERGÈRE

Une paire de manches de cour, gaze et blondes garnies.	7	12

Une colerette dito.	1	12
Un tour de gorge.		12
Une solitaire garnie.	1	8
Un chapeau garni et avec ruban.	2	
Cache-coude ou bracelet garni.	2	18
Deux plumets.		12
Un nœud d'épaule garni.	2	18
12 fleurs pour la tête.		18
3 aunes rubans pour les cheveux.		12
	20	2

N° 7

M^{dlle} BABET COCHOIS
POUR LA DANSE DE STATUE

Barbe de blonde tout en blanc.	2	6
Une solitaire dito.	1	4
Une colerette dito.	1	4
Un tour de gorge dito.		10
2 plumes blanches.		12
Un bouquet de fleurs blanches.	2	
3 aunes ruban blanc pour les cheveux. . . .		12
	8	
Les mêmes articles fournies aux D^{lles} Teissier, d'Assenoncour, Artus, Sauvage et Auguste à 8 R.	40	
	48	

N° 8

Mlle COCHOIS
POUR LA DANSE DE FLORE

Barbes de blonde garnies de fleurs.	2	18
Une colerette dito.	1	12
Un Esclavage de perles.	2	18
3 douzaines de fleurs à 18 gr.	2	6

Un grand bouquet de fleurs.	2	
3 aunes de ruban rose pour les cheveux. . . .		12
	11	18
Les mêmes articles fournis aux D^{lles} Teissier et Auguste à 11 R. 18 gr.	23	12
	35	6

N° 9
M^{dlle} ARTUS
POUR LA DANSE DE JARDINIÈRE

Un grand Tablier de gaze et de blonde orné de chenille verte et clinquant.	6	12
Un chapeau garni.	1	8
3 douzaines de fleurs pour la tête à 18 gr. . . .	2	6
Un Esclavage de perles.	2	18
Un grand bouquet de fleurs.	2	
3 aunes ruban rose pour les cheveux. . . .		12
	15	8
Les mêmes articles pour les D^{lles} d'Assenoncourt et Sauvage à 15 R. 8 gr.	30	16
	46	

N° 10
M^{dlle} ARTUS
POUR LA DANSE DE BERGÈRE

Barbes de blondes ornées de fleurs.	2	18
Une solitaire dito.	1	8
Une côlerette dito.	1	12
Manches de cour gaze et blonde garnies en fleurs.	5	
Une grande guirlande de fleurs.	3	12
Nœud de ruban à la guirlande.		6
	14	8
Les mêmes articles pour M^{dlle} d'Assenoncour. .	14	8
	28	16

N° 11

M^{dlle} BABET COCHOIS
POUR LA DANSE DE BERGÈRE

Une guirlande de fleurs.	3	12
Nœud de ruban à la guirlande.		6
Manches de cour gaze et blonde garnies en fleurs.	5	
	8	18
Les mêmes articles pour les D^{lles} Auguste, Teissier et du Buisson à 8 R. 18 gr.	26	6
Une Esclavage.	2	18
3 douzaines fleurs à 18 gr.	2	16
	40	

N° 12

M^{dlle} DU BUISSON

Barbe de blonde garnie.	2	18
Une colerette dito.	1	12
Un grand bouquet.	2	
3 aunes ruban et un tour de gorge.		22
	7	4

N° 13

1746	janvier	Six paires bracelets ou cache-coudes garnis à 2 R. 12 g.	15
	7	Une grande guirlande de fleurs pour Mr. Lanis. .	4
			19

N° 14
POUR M^{dlle} BARBARINI

1746 janvier 19	Un bonnet à la matelotte de velours garni d'argent.	4	
	Manchettes fines de blonde.	2	12
	Un tour de gorge dito.	2	
	Un Esclavage de Jay bleu.	3	
	Boucles d'oreille bleues.	2	
	Pompons de Jay bleu.	1	12
	Une fraise de blonde avec pompons.	2	
	Une colerette de blonde garnie.	2	12
	Un grand bouquet.	2	
	3 aunes ruban pour les cheveux.		18
	Une paire manchette de blonde.	2	12
	Un tour de gorge.	2	
	Un grand Esclavage blanc.	3	
	Boucles d'oreille dito.	2	
	Un tablier de blonde garni de bleu et de clinquant.	8	
	3 plumets.		18
	Un grand bouquet.	2	
	Une solitaire blonde.	2	
	Une colerette dito.	2	
	3 aunes ruban pour les cheveux.		12
		47	

N° 15
M^{dlle} MARIANNE COCHOIS
POUR LA DANSE DE VESTALE

Une paire manches de cour, gaze et blonde, garnies en argent.	7	12
Une colerette dito.	1	8
Un tour de gorge.		12
Un nœud d'épaule blanc.	2	18
2 nœuds pour les bras.	1	8

Cache coudes ou bracelet garni.	2	18
Bracelets pour les mains.		12
Une Egrette et Pompon pour la tête. . . .	1	8
Un Esclavage de perles.	2	18
Un bouquet de fleurs d'Italie.	2	
Un grand voile de gaze d'Italie.	4	
3 aunes ruban blanc pour les cheveux. . . .		12

POUR LA MÊME

Une paire de manches de cour blonde et clinquant.	7	12
Une colerette dito.	1	8
Un tour de gorge.		12
Un nœud d'épaule garni bleu et clinquant. . .	2	18
2 nœuds pour les bras.	1	8
Cache coude ou bracelet dito.	2	18
Barbes de blonde garnies dito.	2	18
Une solitaire blonde garnie dito.	1	12
4 plumets de couleurs.	1	
6 pompons pour les cheveux.		9
3 aunes ruban bleu pour les cheveux. . . .		12
	49	13

N° 16

POUR SIX FIGURANTES

6 voiles d'Italie 3 R. 12 gr.	21	

RÉCAPITULATION DES COMPTES

1	Mlle Barberini pour la danse de la Statue. . . .	18	
2	Mlle Barberini pour la danse de la Jardinière. .	36	22
3	Mlle Marianne Cochois pour la danse de Flore. .	28	6
4	Mlle Marianne Cochois pour la danse de Bergère.	29	20
5	Mlle Lanis pour la danse de Bergère.	25	4
6	Mlle Sauvage pour la danse de Bergère. . . .	20	2
7	Mlle Babet Cochois pour la danse de Statue. . .	48	
8	Mlle Cochois pour la danse de Flore. . . .	35	6

9	Mlle Artus pour la danse de Jardinière.	46	
10	Mlle Artus pour la danse de Bergère.	28	16
11	Mlle Babet Cochois pour la danse de Bergère. .	40	
12	Mlle du Buisson.	7	4
13	Différens articles.	19	
14	Mlle Barberini.	47	
15	Mlle Marianne Cochois pour la danse de Vestale.	49	13
16	Six figurantes.	21	
		499	21
	Reçû à compte.	300	

199 R. 21 gr.

(Kgl. Haus-Archiv. (Charlottenburg). Acta betr. Theater Angelegenheiten. F. 96. Uu.)

(17) De retour en France, Lani entra à l'Opéra et plaça ses sœurs dans le corps de ballet de la Comédie française. Elles n'y restèrent pas longtemps et furent bientôt engagées à l'Académie royale de musique.

Lani et ses « camarades de désertion » (on comptait parmi eux les sieurs Tessier, Josset et Noverre. Lettre de Frédéric à la Margrave de Bareith, 5 octobre 1747) tinrent à Paris « des discours insolents » sur « la parcimonie de Sa Majesté prussienne ». Pour les punir d'une telle audace, Frédéric voulut faire suspendre leurs appointements. Seul, le sieur Tessier fut plus réservé dans ses propos. D'Argens, qui estimait les talents de ce danseur, pria le roi de le rappeler à Berlin. Le Souverain ne voulut pas y consentir. (Cf. Lettre de d'Argens à Frédéric, Paris, 3 novembre 1747 ; Lettre de Frédéric au Comte de Rottembourg, 2 octobre 1747 ; *Dict. des Théâtres. Op. cit.* : V, articles : *Pierre te Charles Sodi.*)

(18) Pierre Sodi reparut à l'Opéra de Paris à « la rentrée de 1748 ». Il s'y fit applaudir avec les demoiselles Camargo, Lani, Victoire et Mimi Dallemand dans plusieurs pantomimes de sa composition. Citons entre autres ; *les Jardiniers ou les ciseaux, les Fous, les Fêtes vénitiennes, les Mandolines* et *le Bouquet*. La

musique de ces deux derniers ouvrages était de Charles Sodi, frère aîné du danseur.

A partir de l'année 1753, Pierre Sodi, conjointement avec le Sieur Dourdet, dirigea le corps de ballet de la Comédie française. (Cf. *Dict. des Théâtres. Op. cit.* : V, 179 et suiv.)

(19) Opéra de Graun. Paroles de Leopold di Villati d'après le livret français de Duché. *Le Feste galanti* furent représentées le 27 mars 1747, pour le jour de naissance de la Reine mère.

(20) Opéra de Graun. Paroles de Villati d'après la tragédie de Corneille. Cinna fut représenté le 2 janvier 1748. Voici la distribution des ballets de cet ouvrage.

ACTE I

Ballet des conjurés.

Entrée seule :
Mr. Boucher.

Mlle Domitilla,
Mr. Giraud, } *Pas de deux.*

Msǝrs { *Figurants :* Giraud, Boucher, Neveu, du Bois, le Fevre, du Bois.

M^{elles} { *Figurantes :* Domitilla, Auguste, du Portail, Cionnois, Giraud, le Roi.

ACTE II

Ballet des Amis de l'Empereur qui entreprennent de lui sauver la vie.

Mlle Couchoy, *Entrée seule.*
Mlle Barberina,
Mr. Sodi, } *Pas de deux.*

Figurants :   *Figurantes :*

M^{ssrs} { Giraud, Boucher, Neveu, du Bois, le Fevre, du Bois. }   M^{elles} { Domitilla, Auguste, du Portail, Cionnois, Giraud, le Roi. }

ACTE III
Ballet du Peuple Romain.

Melle Barberina, } *Pas de deux.*
M. Sodi,
Melle Couchois,   *Entrée seule.*

Figurants :   *Figurantes :*

M^{ssrs} { Giraud, Boucher, Neveu, du Bois, le Fevre, du Bois. }   M^{elles} { Domitilla, Auguste, du Portail, Cionnois, Giraud, le Roi. }

Ballet général.

(21) Opéra de Graun. Paroles de Villati d'après le livret français de La Motte. Voici la distribution des ballets de *l'Europa galante.*

APRÈS LE PROLOGUE

Entrée seule :
Le petit du Bois *en Amour.*
Entrée seule :
Mlle Rosalie Giraud.

Figurants :   *Figurantes :*

M^{rs} { Giraud, du Bois *le Grand*, Neveu, Le Fèvre, Boucher, Tomassin. }   M^{elles} { Domitilla, Artus, Auguste, du Portail, Cionnois, Rosalie le Roi. }

Entrée des François.

Entrée seule :
Melle Couchoy.

Entrée seule :
M^r. Giraud.

M^{rs} { *Figurants :* du Bois, *le Grand,* du Bois, *le Petit,* Neveu, Le Fèvre, Boucher, Tomassin. } M^{elles} { *Figurantes. :* Artus, Auguste, du Portail, Cionnois, Rosalie Giraud, Rosalie le Roi. }

Entrée des Espagnols

Pas de deux :
Mlle Barberina. Mr Artus

M^{rs} { *Figurants :* du Bois, *le Grand,* Giraud, Neveu, Le Fèvre, Boucher, Tomassin. } Mlles { *Figurantes :* Rosalie Giraud, Artus, Auguste, Du Portail, Cionnois, Rosalie le Roi. }

Entrée des masques ou Vénitiens.

Entrée seule :
Mr Artus.

Pas de deux :
Mlle Domitilla. Mr Boucher.

M^{rs} { *Figurants :* Giraud, du Bois, *le Grand,* Neveu, Tomassin, le Fèvre, du Bois, *le Petit.* } M^{elles} { *Figurantes :* Auguste, Artus, du Portail, Cionnois, Rosalie Giraud, Rosalie le Roi. }

Entrée des Turcs.

Entrée seule :
Melle Couchoy.

Pas de deux :
M^{rs}. Giraud et Boucher.

Entrée seule :
Melle Barberina.

Pas de trois :
M^{rs}. Artus, Giraud et Boucher.

Figurants :	*Figurantes :*
M^{rs}. { Neveu, du Bois, *le Grand*, Tomassin, le Fèvre, du Bois, *le Petit*.	M^{elles} { Domitilla, Giraud Rosalie, Artus, Auguste, Cionnois,

M^{elles} du Portail & Rosalie le Roi.

Ballet général.

(22) L'exil de la danseuse fut de courte durée. Après avoir passé quelques mois en Angleterre, elle revint à Berlin et réussit à épouser son amant. Le chancelier usa de tout son crédit pour faire casser ce mariage et contesta à sa bru le titre de Baronne de Cocceji. La Barberina, qui avait quitté le théâtre, se plaignit au Roi de ces persécutions. Les poursuites s'arrêtèrent ; seulement, pour couper court au scandale, Frédéric conféra au mari de l'ancienne ballerine un emploi à Glogau en Silésie.

La Barberina mourut le 7 juin 1799. Frédéric-Guillaume II l'avait nommée Comtesse Campanini en récompense d'une institution pour dix-huit filles nobles, qu'elle avait fondée de ses deniers.

(23) Ce portrait, œuvre de Pesne, se trouve dans l'Empfangzimmer. La danseuse est représentée de face. Elle est vêtue d'une robe de velours noir et porte une fraise au cou. Ses cheveux sont

poudrés. Elle tient un masque. Les gardiens du château, après avoir montré cette toile aux visiteurs, ajoutent que la « berühmte Tanzerin » était « die vielgenannte Nichte von Voltaire ». Cette *erreur* est de tradition ; il y a plus de vingt ans qu'on la répète. M. Röseler l'a pieusement recueillie dans son volume sur la Barberina. (*Op. cit.*, p. 190.)

(24) *Coriolan* fut représenté en 1749. Algarotti avait également travaillé au livret de cet opéra. (Cf. Lettres de Frédéric à Algarotti. Potsdam, 6 septembre 1749 et lettre d'Algarotti à Frédéric. Berlin, 11 septembre 1749).

(25) Musique de Graun. Paroles de Villati d'après Quinault. *Fetonte* fut représenté en 1750. Voici la distribution des ballets de cet opéra.

DANS LE PREMIER ACTE

Mr. Denis : Triton.

Suivants de Triton :

Mrs.
- Neveu,
- du Bois,
- le Fevre,
- Tomassin,
- du Bois,
- d'Hervieux.

APRÈS LE PREMIER ACTE

Ballet de Tritons et de Nymphes de la Mer.

Mr. Denis : Triton. Mlle Denis : Nymphe de la Mer.

Suivants de Triton :

Mrs.
- Neveu,
- du Bois,
- le Fèvre,
- Tomassin,
- du Bois,
- d'Hervieux.

Nayades :

M^{elles}
- Neveu,
- Giraud,
- Artus,
- du Portail,
- Simiane,
- Auguste.

APRÈS LE SECOND ACTE
Ballet des Saisons et des Heures du Jour.

Pas de deux :
{ Mr. Giraud : Zéphire.
Mlle Auguste, *l'aînée* : Eté.
Mr. le Voir : Printemps.
Mlle Couchoy : Aurore. }

Figurants *Figurantes*
représentant les 12 heures du jour :

Mrs. { Neveu, du Bois, le Fèvre, Tomassin, du Bois, d'Hervieux. }   Mlles { Giraud, Neveu, Artus, du Portail, Simiane, Auguste. }

APRÈS LE TROISIÈME ACTE
Ballet des habitants de la terre.

Pas de deux : { Mlle Auguste, *l'aîné*, bergère. Mr. le Voir, berger. }
Pas de deux : { Mlle Couchoy, Flore. Mr Giraud, suivant de Flore. }
Pas de deux : { Mlle Denis, Mr. Denis, } Suisses.

Figurants : *Figurantes :*

Mrs. { Neveu, du Bois, le Fèvre, Tomassin, du Bois, d'Hervieux. }   Mlles { Giraud, Neveu, Artus, du Portail, Simiane, Auguste. }

Ballet général.

(26) Musique de Graun. Paroles de Villati d'après Racine. *Mithridate* fut représenté en 1750.

(27) Musique de Graun. Paroles de Villati d'après Quinault. *Armide* fut représenté en 1751. Voici la distribution des ballets de cet opéra.

PREMIER ACTE, 3ème SCÈNE
Ballet d'une troupe de gens du peuple du royaume de Damasco, qui célèbrent le triomphe d'Armide.

Mr. Giraud, Mr. le Voir, *Guerriers*.

Figurants guerriers : Mrs. { Neveu, du Bois, Le Fevre, du Bois, d'Hervieux, Soullé.

Figurantes amazones : Mad^{elles} { Giraud, Neveu, Artus, Auguste, Simiane, du Portail.

APRÈS LE PREMIER ACTE
Ballet de démons changés en bergers et bergères.

Madem. Denis, Mr. Denis.
Bergère et Berger.

Figurants bergers : Mrs. { Neveu, du Bois, le Fevre, du Bois, d'Hervieux, Soullé.

Figurantes bergères : Mad^{elles} { Giraud, Neveu, Artus, Auguste, Simiane, du Portail.

APRÈS LE SECOND ACTE
Ballet de Faunes, de Silvains et de Nymphes.

Mad^{elle} Couchoy, *Nymphe*.
Mr. Giraud, *Faune*.
Mr. le Voir, *Berger*.

Figurants silvains : *Figurantes nymphes :*

Mrs. { Neveu,
du Bois,
le Fèvre,
du Bois,
d'Hervieux,
Soullé. }

Mad^{elles} { Giraud,
Neveu,
Artus,
Auguste,
Simiane,
du Portail. }

APRÈS LE TROISIÈME ACTE

Ballet des Furies.

Mad^{elle} Cochoy, Mad^{elle} Denis, *Enchanteresses.*

Mr. Denis, *Furie.*

Figurants Furies : *Figurantes Furies :*

Mssrs. { Neveu,
du Bois,
le Fèvre,
du Bois,
d'Hervieux,
Soullé. }

Mad^{elles} { Giraud,
Neveu,
Artus,
Auguste,
Simiane,
du Portail. }

(28) Musique de Graun. Paroles de Villati d'après Racine. *Britannico* fut représenté en 1751.

(29) Musique de Graun. Paroles de Villati d'après Boulay. *Orfeo* fut représenté en 1752. Voici la distribution des ballets de cet opéra.

APRÈS LE PREMIER ACTE

Ballet de Nymphes et de Faunes.

Mad^{elle} Denis,
Mr. Denis, } *Pas de deux.*

Mr. Giraud en *Faune*

Figurants Faunes :   *Figurantes Baccantes :*

Mrs { Neveu, du Bois, le Fèvre, du Bois, d'Hervieux, Soullé.

Mad^{elles} { Giraud, Neveu, Artus, Auguste, Simaine, du Portail.

APRÈS LE SECOND ACTE

Ballet du Peuple Thracien, qui est allé au-devant d'Orphée dont le retour est attendu.

Mlle Couchoy, *Thracienne.*
Mr. le Voir, *Thracien.*

Figurants :   *Figurantes :*

Peuples de Thrace.

Mrs { Neveu, du Bois, le Fevre, du Bois, d'Hervieux, Soullé.

Mad^{elles} { Giraud, Neveu, Artus, Auguste, Simiane, du Portail.

APRÈS LE TROISIÈME ACTE

Ballet héroïque des suivans d'Apollon.

Mad^{elle} Couchoy, Mr Giraud, } *Pas de deux.*

Mr. Le Voir.

Mad^{lles} Denis, Mr Denis, } *Pas de deux.*

Figurants :   *Figurantes :*

Suivans d'Apollon.

Mrs { Neveu, du Bois, le Fevre, du Bois, d'Hervieux, Soullé.

Mad^{elles} { Giraud, Neveu, Artus, Auguste, Simiane, du Portail.

(30) Musique d'Agricola. Paroles de Métastase. *Cleofide* fut représenté en 1754.

(31) Musique de Graun. Paroles de Tagliazucchi d'après Voltaire. *Sémiramis* fut représentée en 1754.

(32) Musique de Graun. *Montézuma* fut représenté en 1755.

(33) Musique de Graun. Paroles de Tagliazucchi d'après la tragédie de Voltaire arrangée par Frédéric. *Mérope* fut représentée en 1756.

(34) Denis fit venir cette excellente danseuse de Vienne en 1752.

(35) Des comptes datés de l'année 1756 nous font connaître les appointements de ces artistes. Voici ces comptes :

COMPTES DU BALLET

	Täntzer	R.	g.
1	Den Ballet Meister Denis.	2000	»
2	» Täntzer Desplaces.	900	»
3	» » Gobert.	500	»
4	von dem Täntzer Le Voir sind vacant.	1000	»
5	Der Täntzer Neveu.	400	»
6	» » D'hervieux.	400	»
7	» » Dubois. . . . . . . 500 Noch demselben wegen Information der Täntzerin Gualtin monatl. 10 R. 120	620	»
8	Der Täntzer le Fevre.	400	1
9	» » Dubois vacant.	400	»
10	» » Blache.	400	»
	Summa.	7020	»
	Täntzerinnen		
1	Der Madame Cortini Denis.	2000	»
2	» Mad^{elle} Marie Cochoy.	2100	»
3	» » Lionnois.	600	»
4	» » Simiane.	400	»
5	Von der Täntzerin Rosalie Giraud sind vacant.	160	»
6	» » » Kronen.	300	»
7	» » » Auguste.	350	»
8	» » » Götzen.	300	»
9	» » » Gualtin.	120	»
10	Noch sind von der Täntzerin Artus vacant.	50	»
	Summa	6380	

(Kgl. Geheim. Staats-Archiv. (Berlin Klosterstrasse.) General « Domainen-Cassen » Etats. N° 13.)

(36) Cf. Lettre de Frédéric au Baron de Pöllnitz. Potsdam, 22 septembre 1767. (Preusz: *Op. cit. Urkundenbuch.* III, 139.)

(37) En 1782, le danseur Fierville dirigeait sur les boulevards le spectacle des Variétés amusantes. (Cf. Campardon: *Les Spectacles de la Foire*, I, 321.)

C'est à Fierville et à Mademoiselle Heinel qu'on est redevable de la *pirouette*. (Cf. Castil-Blaze : *La Danse et les Ballets*, p. 200.)

(38) Cf. Lettre de Frédéric au maître de ballet Desplaces. Potsdam, le 27 octobre 1783. (Preusz: *Op. cit. Urkundenbuch*, III, 201.)

(39) Desplaces *le neveu* fut nommé maître de ballet au mois de juillet 1784 :

« Le Roi étant très satisfait des ballets, composés par le jeune Desplaces, à Berlin ; Sa Majesté veut bien lui conférer par la présente le poste vacant de Son Maître des ballets avec les appointemens y attachés, et nommer à sa place le danseur Italien Adriani, à Son théâtre à Berlin ; et comme Sa Majesté vient de lui assigner ces derniers sur la Caisse de Sa Cour, Elle S'attend aussi qu'il continuera ses efforts pour remplir les fonctions de sa nouvelle charge à l'entière satisfaction de Sa Majesté. »

(Cf. Lettre de Frédéric au maître de ballet Desplaces. Potsdam, ce 25 de Juillet 1784.) (Preusz : *Op. cit. Urkundenbuch.* III, 201.)

APPENDICE

PROLOGUE

EN L'HONNEUR DU MARIAGE

DE

Joseph, Roi des Romains

AVEC

Wilhelmine Amélie de Braunschweig-Lüneburg

1699

PROLOGUE

(1699)

Vénus accompagnée des Nayades et des Dieux des eaux, les fleuves du Pô et du Danube et le Dieu de la Sprée.

VÉNUS.

Venez, venez, troupe fidelle,
Venez avecque moy dans ce jour glorieux
D'une auguste hymenée annoncer la nouvelle,
Qui fait tout le plaisir de ces aimables lieux.
  L'Amour, pour augmenter sa gloire,
Sur le Roy des Romains emporte la victoire :
La Divine Amélie est l'objet de ses vœux.
  Le Ciel, qui pour lui s'intéresse,
  A pris soin de le rendre heureux,
  Et par d'indissolubles nœuds
  L'unit à sa belle Princesse.
Par vos chansons, vos danses et vos jeux,
Divinitez des eaux, marquez votre allégresse.
  Suivez de si justes désirs,
  C'est Vénus qui vous y convie ;
  Le plus doux employ de la vie
  Est de rechercher les plaisirs.
  Dans une triste indifférence
  L'on passe d'ennuyeux momens,
  Mais les jours de réjouissance
  Durent toûjours trop peu de temps.

Le Pô et le Danube chantent un Duo en italien, après lequel Vénus poursuit.

VÉNUS.

Au Danube.

Vous, dont les flots impétueux
Avec rapidité coulent en Germanie,

Au Pô.

Et vous, ô fleuve trop heureux,
Qui fûtes de tout temps l'ornement d'Italie,
Continuez vos soins et vos empressemens :
Par vos concerts efforcez-vous de plaire
A des objets doux et charmans
Qui prennent part en cette affaire.

Le Pô chante un air italien, en suite de quoy le Danube en chante un autre, qui sert d'introduction au Ballet des Nayades et des Dieux des eaux.

Ballet des Nayades
et des Dieux des eaux de la suite de Vénus

LE DIEU DE LA SPRÉE.

Pour rendre hommage à ces tendres époux,
Je sors de ma grotte profonde.
Que l'air, le ciel, la terre et l'onde,
Répondent à la fois à nos chants les plus doux.
Ces illustres amans, d'une flame éternelle
Bruleront l'un pour l'autre au milieu des plaisirs ;
Et dans les vifs transports d'une ardeur si fidelle
La fortune et l'amour préviendront leurs désirs.
Le Soleil dans les cieux interrompra sa course,
L'Eclat de ses rayons ne servira que peu,
Et l'on verra mes eaux remonter vers leur source

Plutost qu'on ne verra s'éteindre un si beau feu.
   Mais je voy l'hyménée
Qui conduit avec lui les plaisirs et les jeux :
Il vient pour honorer cette illustre journée,
Et combler par ses soins nos désirs et nos vœux.

L'HYMÉNÉE, *accompagnée des plaisirs.*

   Pour célébrer une fête éclatante,
Que Vénus elle même ordonne en ces Climats,
Et la rendre à la fois et pompeuse et charmante,
Avec tous ces plaisirs je porte ici mes pas.
       C'est un assez bel assemblage
       De voir l'hymen avec l'amour :
       L'un sans l'autre a peu d'avantage,
Et le plaisir commence et finit en un jour.

AIR.

Sans l'hymen point d'amour sincère,
Sans l'amour point d'hymen heureux.
Epoux, qui voulez toujours plaire
Il faut toujours être amoureux.
Les cœurs sujets à l'inconstance
N'y peuvent trouver de vray bien,
Mais les soins et la complaisance
En font adorer le lien.

LE DIEU DE LA SPRÉE.

Que ces époux dans leurs ardeurs fidelles
     Vont goûter d'aimables plaisirs !
Des biens sans fin, des douceurs éternelles
Seront le prix de leurs chastes désirs.
       On voit briller en la Princesse
       Tant de vertu, tant de sagesse,
       Que les cœurs en sont enchantez.

On trouve en son époux les héroïques marques
    Et les sublimes qualitez
    Qui font distinguer les monarques :
    Il joint à l'éclat de son rang
    La gloire d'un illustre sang
    Connu de tout ce qui respire.
L'aigle s'apprivoisant obeït à sa voix,
Et devant être chef un jour de tout l'Empire
Il en sçait des longtemps la coutume et les loix.
    Sous un père toujours auguste
Il apprend avec soin le grand art de régner ;
Il sera comme lui sage, pieux et juste,
Et les prospérités sçauront l'accompagner.
    Le Ciel par sa toute-puissance,
    Pour le prix de sa piété
    Daigne bénir cette alliance
    D'une longue postérité.

L'HYMÉNÉE.

Que d'un nœud si cèlèbre on garde la mémoire,
Les plaisirs et les jeux marcheront sur leurs pas.

LE CHŒUR.

Que d'un nœud si célèbre on garde la mémoire,
Les plaisirs et les jeux marcheront sur leurs pas.

L'HYMÉNÉE.

Cet hymen fortuné par un sort plein d'appas
Sera toujours suivi de bonheur et de gloire.

LE CHŒUR.

Cet hymen fortuné par un sort plein d'appas
Sera toujours suivi de bonheur et de gloire.

VÉNUS.

Un ordre exprès du Souverain des Dieux
M'oblige à quitter ces beaux lieux.
Mais, Nayades, allez et que chacun s'apprête
A donner un spectacle en un jour si joyeux ;
Je vous laisse le soin de terminer la fête.
N'offrez rien que de gai, n'offrez rien d'ennuyeux.
Préparez une comédie
Dont le sujet soit tiré d'Italie.
A ce dessein prêtez les mains ;
Il est loüable autant que juste,
Puisque c'est pour l'hymen Auguste
D'une Princesse Guèlfe et d'un Roy des Romains.

Les Nayades s'en vont et les deux fleuves du Pô et du Danube chantent un Duo en italien, après quoy tout le monde se retire et l'Hyménée dit en partant.

L'HYMÉNÉE.

Pendant qu'au reste l'on s'apprête,
Dansez, tendres Plaisirs, Dansez ;
Les Dieux des eaux vont ordonner la fête,
Secondez par vos pas leur désirs empressez.

Les Plaisirs dansent une entrée par où finit le prologue.

(Kgl. Haus-Archiv. Collection de manuscrits provenant de la bibliothèque du Prince Henry, F. 181. o. 2.)

LE

Triomphe des Amours & des Plaisirs

BALLET ROYAL

MÊLÉ DE RÉCITS & CHANTS ALLEGORIQUES

SUR LE

Mariage du Roy

Représenté au Théâtre & en présence de leurs Majestez.

Par le Sr Sévigny, Comédien de Sa Majesté.

ACTEURS

CHANTANS DU PROLOGUE.

Polymnie Muse.	Mlle Duménil.
Palémon.	Le Sr Duménil.
Thalie Muse.	Mlle Clavel.
Une Driade.	Mlle Desirée.

Chœur des Zéphirs & Plaisirs chantans

*Neuf Zéphirs, Plaisirs, & Héros dansans
pour toutes les entrées du Triomphe des
Amours & des Plaisirs scavoir :*

Le S^r le Mercier, Compositeur du Ballet Royal.
Le S^r l'Avenant, Maitre de Danse de l'Académie Royale.
Le Sr Carles, Maitre de Danse de la Cour de Bareith.
Le Sr Boude.
Le Sr Göricke.
Le Sr Bruneck.
Le Sr de la Palme.
Le Sr Clavel, fils.
Le Sr Sévigny, fils.
Flore : Mad^{lle} Girardie, la fille.
Driades : les D^{lles} Spere en Dieu, Lainée & la Cadete, & la D^{lle} Wiar.

LE
Triomphe des Amours
& des Plaisirs

BALLET ROYAL.

PROLOGUE

Le Theatre represente un séjour agreable et abondant de toutes sortes de fruits ; on y voit des Chateaux, des Maisons de plaisance, des Jardins, des Fontaines, des Statuës, un fleuve dans l'enfoncement qui par plusieurs vaisseaux en marque la fertilité de son climàt, & la liberté de son commerce ; un grand nombre de Peuples, & d'Etrangers, à la suitte de quelques Divinitez composent l'assemblée de ce beau séjour quy est une imitation des environs de Berlin, pour le Triomphe qu'on y doit voir en mesme Temps des Justes hommages que chacuny vient rendre au Roy de cet Empire au sujet de son aliance avec la Princesse Louise de Suerin,

Reyne de Prusse, par son Mariage avec Sa Majesté ; apres l'ouverture par une très nombreuse Simphonie tous pensionnaires du Roy, Polymnie comme la Muse quy preside à la Sphere de Venus et quy a pour objet la felicité de son Héros, & de son Heroine dans leurs Majestéz, adresse le couplet qui suit à l'Amour.

POLYMNIE.

Amour, par tes nœuds les plus beaux
Enchaine aujourd'huy les travaux
D'un Heros, quy ne doit sa grandeur qu'a luy mesme ;
Il est doux sous tes loix, Amour, de s'engager ;
Mais lors qu'on porte un Diadême,
Quelle felicité ! que de le partager
Avec le digne objet, que tendrement on ayme.
Amour, par tes nœuds les plus beaux
Enchaine aujourd'huy les travaux,
D'un Heros quy ne doit sa grandeur qu'a luy mesme.

PALEMON ET THALIE.

Charmants Plaisirs
Bornez tous vos désirs,
A chanter sa puissance ;
Par votre ardeur
Méritez le bonheur
Dont vous fait Jouir sa présence.

Entrée des Zéphirs, de Flore et des Plaisirs dansants.

POLYMNIE.

Elevons son nom jusqu'aux cieux ;
Que tout conspire,
Dans son empire,
A le rendre cent fois plus glorieux.

CHOEUR.

Elevons son nom jusqu'aux cieux ;
Que tout conspire,
Dans son empire,
A le rendre cent fois plus glorieux.

UNE DRIADE.

Nous ne devons qu'à sa rare sagesse
Tous les momens que nous passons en paix ;
L'on ne soupire y cy que de tendresse,
L'Amour luy seul y lance quelques traits ;
La gloire peut les sentir sans foiblesse,
Sans qu'elle perde rien de ses attraits.

Seconde Entrée des Zéphirs, de Flore, des Nimphes & des Plaisirs dansants.

PALEMON.

L'Amour, jusques au Dieu quy l'ance le tonnerre
Impose quelquefois
Ses douces lois ;
Et qu'and il regne sur la terre,
Il triomphe des plus grands Roys.

POLYMNIE ET THALIE.

Cessez, adorables Beautez,
Des dédains souvent afectez,
Lors qu'un Amant vous rend les Armes;
Les beaux jours
Sont trop courts,
N'en perdez pas les charmes,
Sans gouter la douceur
D'une amoureuse ardeur.

Troisième Entrée; Menuet, par les Zéphyrs, Flore, les Nimphes et les Plaisirs.

POLYMNIE.

Premier couplet du Menuet.

Aymez, sans faire un mistère
De vos tendres sentiments.

CHOEUR.

Aymez, sans faire un mistère
De vos tendres sentiments.

POLYMNIE.

Plus en Amour on s'obstine à se taire
Et plus on perd de précieux moments.

CHOEUR.

Plus en Amour on s'obstine à se taire
Et plus on perd de précieux moments.

POLYMNIE. Second couplet.

D'une longue résistance
Fuyez l'extrême rigueur.

CHOEUR.

D'une longue résistance
Fuyez l'extrême rigueur.

POLYMNIE.

Car quand l'Amour une fois s'en ofense
On perd souvent l'amant avec le Cœur.

CHOEUR.

Car quand l'Amour une fois s'en offense
On perd souvent l'amant avec le Cœur.

Quatrième Entrée des Zéphirs, de Flore, des Nimphes et des Plaisirs.

FIN DU PROLOGUE.

Le Triomphe des Amours et des Plaisirs

ACTEURS

La Paix.	Mlle Rosidor.
Aglaye.	Mlle Clavel, la jeune.
Thalie.	Mlle Desirée.
Eufrosine.	la petite D^{lle} Durocher.
La félicité.	Mlle Durocher.
Castor.	le Sr Nisse.
Pollux.	le Sr Durocher.
Le Dieu Hymen.	le S^r le Mercier.
L'Amour.	le Sr Frick.
La Victoire.	Mlle Clavel, la mère.
Comus.	le Sr Clavel, le fils.
Bâchus.	le Sr Sévigny.
Vertume.	le Sr Dumenil.
Pomone.	Mlle Clavel, la Jeune.
Une Nimphe des bois.	Mlle Dumenil.

Trouppes des Peuples héroiques.
Trouppe d'Heroines.
Suitte de l'Amour.
Suitte de Bâchus.
Chœur chantant.
Silvains, Flore, Zéphirs, Nimphes & Plaisirs dansants.

Le
Triomphe des Amours
et des Plaisirs.

Le Théatre représente un Palais magnifique destiné pour les hommages qu'on vient rendre au Roy ; la Paix sy rend la première à ce sujet, et commence par des souhaits heureux en reconnoissance de l'azile assuré qu'elle a dans le Royaume dans un temps de troubles par tout ailleurs ; elle inuite les Peuples de chaque Province aux hommages, que l'on doit en cette occasion à leurs Majestez.

RÉCIT DE LA PAIX.

Héros, dont la sagesse égale la splendeur,
Jouissez avec la grandeur
D'une tranquillité profonde,
Tandis que le reste du monde
A mon Règne plein de douceur
Préfère sur la terre et l'onde
La discorde opposée à son propre bonheur.

Ce monstre, de mes maux toujours la source impure,
Des plus lointains climats consacrez au repos
Fait un séjour d'horreur, où Triomphe Atropos,
Et cette impitoyable insensible au murmure
   Des manes de tant de Héros,
Semble vouloir détruire après eux la nature.

   Ses enfans armez, furieux,
   Pour le guain de quelques murailles,
   Faible prix des victorieux,
De leurs frères mourants chantent les funérailles,
Et les plus altérez de sang, dans les Batailles,
Sont les plus Renommez et les plus glorieux.
Grand Roy, sous votre Règne autrement on respire :
On y doit à vos soins l'abondance et la Paix ;
Vous comblez la vertu de vos plus chers bienfaits,
Et par l'heureux génië en tout quy vous inspire
Vous donnez une Reyne aymable à votre empire,
Présent d'autant plus grand qu'on n'eût oser j'amais
Jusqu'à cette faveur étendre ses souhaits ;
Que l'Hymen, & l'Amour, qu'a l'enuy tout conspire
A rendre de vos cœurs les désirs satisfaits.
Venez Peuples, venez admirer votre Reyne ;
Un Roy, chéry du ciel authorise vos pas ;
   Il vous donne une Souveraine,
Venez par vos encens Honnorer ses appas ;
   Il est temps de faire paroitre,
   Au choix de votre auguste Maitre,
   Vos devoirs les plus empressez ;
Hâlez vous ; son Amour, ne peut trop tôt connoitre
Combien à son bonheur vous vous intéressez.

Marche des Peuples héroiques et des Héroines de toutes les Provinces du Royaume, avec les Trophées attachez à des faisseaux qu'on plante en ordre de chaque côté du Théatre avec des javelots entre deux portant l'Ecusson de chaque Province ; ces Peuples sont conduits par la Félicité et les trois principales graces ; cette marche est aussi tost suivie d'une entrée de Héros, & d'Héroïnes dansans, quy rendent leur Hommage par divers mouvemens.

Entrée des Héros et des Héroïnes.

Récit d'Aglaye Iere grace portant un flambeau doré et un cœur enflamé au diadème.

AGLAYE.

Vous voyez de Vénus les graces favorites,
Dont le zele pour vous n'aura point de limites,
Tant qu'il nous est prescrit d'en suivre le devoir ;
Le mien est d'enflamer des ardeurs les plus belles,
Et vous pouvez compter sur des soins sy fideles,
Que vous aurez sur nous un absolu pouvoir.

Récit de Thalie 2me grace portant un dard auquel est attaché un cœur percé de deux flèches.

THALIE.

Reyne ne craignez point les armes dont je blesse,
Je ne m'en sert jamais, quand l'occasion presse,
Que contre les mortels ennemis des vertus ;
Comme vous en scavez faire un parfait usage,
Mes traits en vous servant n'auront d'autre avantage
Qu'à ranger sous vos pieds les vices abatus.

Récit d'Eufrosine 3me grace portant un cœur enchainé.

EUPHROSINE.

Foible comme je suis, je croy qu'on est en peine
De me voir dans les mains une pezante chaine,

Lors que je viens remplir un employ glorieux ;
Il ne faut point y cy que je le dissimule :
D'enchainer les jaloux, je ne faits point scrupule
Et je feray l'efroy de tous vos envieux.

Seconde Entrée des Héros et des Héroines.

RÉCIT DE LA FÉLICITÉ.

Belle Reine, vivez dans ces lieux sans allarmes,
Où d'Illustres objets vous adressent leurs vœux ;
Les doux empressemens qu'ils montrent à vos charmes
Répondent des respects, qu'ils ressentent pour eux.
De leur Fidélité, recevez cet Hommage,
Epoux que cent vertus, l'un à l'autre ont liez ;
  La Prusse, elle mesme à vos pieds,
   Vient vous rendre ce témoignage,
Que jamais nuls devoirs par sa voix publiez,
N'ont été plus constants, ny mieux conciliez ;
   Evenement quy ne présage
   Après un sy noble assemblaeg
   Qu'un Règne long et fortuné
   Au rang quy vous fut destiné :
Cet état florissant veut que chacun déploye
Tout ce que votre abord lui fait naître de joye ;
Et son zèle au devant de vos heureux loizirs,
Conduira chaque jour les jeux et les plaisirs ;
Melpomène et Thalie, enfantans des miracles,
N'offriront à vos yeux que de pompeux spectacles,
Et louant vos attraits dans leurs plus beaux concers
Elles en instruiront tout ce vaste univers.

CASTOR.

S'il faut contre l'envie opposer le tonnerre,
Moissonner des lauriers aux deux bouts de la terre,

Vous verrez des sujets noblement animez
Et des bras aux dangers à vaincre accoutumez
Combatre les Eforts d'une injuste furie,
Pour sauver de son joug l'honneur de la Patrie.
L'Aigle de ces climats s'élevant jusqu'aux cieux,
Ne tombe qu'a propos sur les audacieux;
Mais dans sa respectable et vaste indépendance,
Son astre la conduit avec tant de prudence,
Que sans quelque projet contre sa liberté,
Ses voisins autour d'elle ont toute sureté.

POLLUX.

Ouy, tel est cet Etat sous un Roi magnanime
Qui ne souffre jamais de frein illégitime.
Sans cesse au vray mérite il ouvre un libre accès,
Sa générosité l'accompagne à l'excès ;
Il chérit les beaux arts, il corrige les vices
Et son austérité vange des injustices.
Mille & mille étrangers de leurs fers dégagez,
Fugitifs en ces lieux, sont par lui protégez ;
Pour adoucir leurs maux, il répend sur leur traces
Avec discernement ses précieuses graces ;
Il s'en fait un bonheur, et sauvez des abois
Il en Eleve encore à d'illustres emplois ;
Exemple à ses neveux d'autant plus admirable,
Qu'il rendra de ses faits la mémoire durable.

LA FÉLICITE.

Pour finir sur ces faits qui font tant de jaloux,
Grand Roy dans ces respects qu'on rend à vos genoux,
  Approuvez notre zele extrême ;
Et malgré les travaux unis au Diadême,
  Joignez à la grandeur suprême,
  Les contentemens les plus doux.

LA PAIX.

C'est à vous de songer, félicité charmante,
   A ses mêmes contentements,
Lorsque de mon côté par une main scavante
   J'useray sy bien des momens,
   Qu'à sa volonté surveillante
J'ajouteray toujours de nouveaux ornemens.

Minerve secondant ce dessein magnifique,
      D'un séjour champêtre & rustique,
      Au milieu d'un bois écarté,
Qu'arrose de son onde une rivière antique,
Surprendra les regards d'un Palais enchanté.

Là, durand les beaux jours, la diligente Aurore
Aux douceurs de Pomone, aux agrémens de Flore
      Joignant le charme des Zéphirs,
Ne remplira les airs que d'amoureux soupirs.
Mille bronzes parfaits d'espaces en espaces
Seront les habitans des plus vastes terrasses ;
Au centre d'un Bassin, sous l'Hercule vainqueur
Sera l'hydre de Lerne expirant de langueur,
Ou des Nimphes au loin comme mal assurées
Paroitront en fuyant craintives egarées ;
Des gazons étendus les tapis toujours verts
N'y redouteront point la rigueur des Hyvers,
Qui baignez par les traits de cent vives fontaines,
Par de petits ruisseaux inonderont les plaines ;
      Enfin, ces projets accomplis,
      Dignes de la grandeur du trône,
      Egaleront de Babilone,
      Les riches travaux d'Amestris,
Dont nos temps font encore admirer les débris.
      Mais l'hymen vient par sa présence
      Honnorer la réjouissance.

Toute la simphonie annonce la descente du Dieu Hymen dans son char soutenu de Nuages; la perspective du Théatre s'ouvre aussitôt et présente à la veuë des spectateurs une Mer paisible sur laquelle sont plusieurs petits Amours sur des d'Auphins quy tirent des flèches sur un monstre marin, lequel étant blessé s'agite et va Echouer à près plusieurs efforts sur le bord d'un rocher; on voit une petit gondole argentée sur laquelle sont quatre petits amours; deux tirent à près un cœur attaché au hault d'un javelot; un tient une rame, un autre gouverne la gondole et ensuitte jette un filet à rêts d'argent à la Mer pour pêcher; ce quy compose le spectacle de l'intermède quy suit.

LA FÉLICITÉ.

Dieu de l'Hymen reçois nos vœux
Pour deux cœurs brulans de tes feux.
  Exauçe nos demandes.
En ce grand jours répends sur eux
  Tes faveurs les plus grandes.

LE DIEU HYMEN, *chante.*

Au sort de ces fameux mortels
L'Amour, comme moy, s'intéresse.
Nous venons joindre à leur tendresse
Des biens qui seront éternels.

L'oin des soucis, l'oin des allarmes,
Epoux ressentez vos ardeurs
Et de mes liens pleins de charmes,
Goutez à jamais les douceurs.

Que tout réponde à la conqueste
  D'un couple si beau;
L'Hymen en ordonne la feste,
Il l'Eclaire de son flambeau.

CHŒUR.

Que tout réponde à la conqueste
D'un couple si beau ;
L'Hymen en ordonne la feste,
Il l'Eclaire de son flambeau.

Durant que le chœur répète ce couplet, l'Amour s'avance au milieu de sa suitte.

Entrée des Amours.

L'AMOUR, *chante*.

Tendres Amours
Regnez toujours,
Yci sans jalousie ;
Tous les instans
De votre vie
Soyez sensibles et contents.

Seconde entrée des Amours.

L'AMOUR.

Mes vrais appas
Suivent le pas
Des constances certaines ;
Mes traits cuïzans
Sont pour les chaines,
Qui se relâchent par le temps.

Aussy tost la fin du Dernier couplet on entend un grand bruit de Timbales et de Trompetes qui précède l'arrivée de la Victoire dans son char orné de Trophées de Guerre, quy vient prendre part à la Félicité de ce beau jour comme un Triomphe dont elle prétend avoir toute la gloire ; après ce bruit la Paix quy en est toute allarmée récite ce quy suit.

LA PAIX.

Quelle divinité vient ycy nous surprendre
Et jette dans mon cœur l'efroy de toutes parts ;
O ciel ! à ton secours ne dois-je plus prétendre
Et pour ma liberté n'est-il plus de remparts ;
La discorde à l'appuy de Mars et de Bellone
      En voudroit elle à ces climats ?
Maitre des Dieux, à moins que ta voix ne l'ordonne,
      Ne soufre point des attentats,
      Dont par avance je frissonne.

LA FÉLICITÉ.

    Ne craignez rien dans cet empire :
    Il est protégé par les cieux.
    L'on ne peut jamais contredire
    Au destin qui commande aux Dieux ;
    Ce grand jour leur est précieux ;
Et comme la Victoire a part à la conqueste
      Du Héros de ces lieux,
Elle y vient avec nous en célébrer la feste.

Le bruit des Timbales recommence jusqu'à l'abord de la Victoire.

LA PAIX, *à la Victoire.*

    Comment recevrez-vous l'accueil
D'une Paix sy long temps que votre cœur dédaigne,
Victoire fortunée, et faut-il que je craigne
Votre abord à l'égal de mon dernier écueil ;
Je n'ay que ce séjour pour azile sur terre
      Où l'on ne m'a pu traverser ;
Contentez vous des lieux où l'on me fait la guerre,
Et ne venez ycy que pour vous délasser.

LA VICTOIRE.

L'olympe & l'univers chérissent la Victoire
Jusqu'à luy consacrer des Temples, des autels ;
Mais on s'abuze fort si l'on croy que sa gloire
Tire tout son éclat du trouble des mortels.
  De tant de sanglantes victimes
  Je ne voy qu'à regret le sort ;
Ma pitié bien souvent répugne à ces maximes,
  Mais la terre enfante des crimes,
Qu'on ne peut expier sans un Barbare efort.

Sy le sang qu'on répend qui du ciel tient sa source,
N'eût jamais opprimé l'innocence en sa course ;
S'il n'eût jusqu'à nos Dieux, ennemis des forfaits,
  Etendu sa coupable audace,
  Il eut au gré de leurs souhaits
  Interdit jusqu'à la menace
  De ces mêmes Dieux, dont les traits
  Font en cent lieux votre disgrace.

  Mais je ne viens point ajouter
  A cette rigueur infinië ;
  J'ayme la Paix, quoy que l'on dië,
Et sur quelque climât qu'elle puisse habiter,
La discorde à mes yeux n'est point assez hardië
  Pour venir sur elle attenter.

Assez d'autres sujets, sans la guerre cruelle,
Où jamais on n'employe & la flamme et le fer
  Ne me font-ils pas triompher !
Dans les combats d'Esprit ma grandeur immortelle
Ne voit-elle pas tout succeder à mes vœux ?
  Dans tous les hommages Pompeux,
  Dans les tournois où l'on m'appelle,

Enfin, dans les plus magnifiques jeux,
N'ay-je pas en tout temps l'offrande la plus belle ?
Et dans cette feste nouvelle
Pour le plus sage des grands Roys,
Agit-on autrement que par mes propres loix ?

J'anime ces scavans géniës
Qui par de douces Harmoniës,
Après mille soins assidus
Tiennent quelques instants ses travaux suspendus ;
Et cette Auguste Reine aujourd'huy que sa gloire
Donne pour souveraine en Triomphe à sa cour,
Est un Triomphe que l'Amour
Ne doit qu'à la seule Victoire.

C'est là ce qui m'amène, et pour vous faire voir
Combien je prends part à l'hommage,
Qui suit par un juste devoir
Le beau succès de mon ouvrage,
Trouppe immortelle & vous, Flore, Nimphes & Jeux,
Si jamais je pris soin de répondre à vos vœux,
Pour unique reconnoissance,
Paroissez en pompe à ma voix,
Et du Grand FREDERIC, admirant le beau choix,
Venez avec magnificence
Célébrer de LOUISE avec luy l'aliance.

Le Théatre se change en un superbe Jardin tel que celuy de Charlotenbourg, au milieu duquel Bâchus arrive avec sa suitte, & toutes les Divinitez quy sont invitées par la Victoire à se joindre à ce spectacle; ceux de la suite de Bachus forment en dansant un grand berceau de pampres de vigne au milieu du Théatre ; à la fin de cette entrée, Comus, Dieu des Festins, vient surprendre agréablement toute cette assemblée.

Entrée des Silvains, de Flore, des Nimphes & des Zéphirs.

COMUS.

Bonjour, & serviteur à l'illustre assemblée.
Chacun de mon abord a l'ame un peu troublée !
Et je remarque icy qu'on me m'atendoit pas.
  Mais Comus, ne scauroit déplaire,
  Et le Dieu de la bonne chère,
  Loin de causer quelque embarras,
Est bien reçeu par tout comme un Dieu nécessaire.

LA VICTOIRE.

  Il est vray, mais pour cette affaire,
Vous venez un peu tard nous offrir vos appas;

COMUS.

Bon ! Les Dieux n'ont ils pas toujours du temps de reste
Pour tout ce qu'au besoin ils peuvent souhaiter.
  Sans crime on n'en sçauroit douter ;
Et devant le festin que je fais apprêter,
Je veux en un coup d'œil aussy juste que preste
Commencer à répondre à votre intention
Par le charme impromptu d'une collation
Paroissez.

Toute la longueur du berceau se trouve étagée en dedans d'une collation de toutes sortes de fruits & de confitures avec des liqueurs dans des vazes de porcelaines Elevez sur differens petits termes d'argent & des quarrez de balustres richement travaillez.

COMUS.

  Secondé par Vertume & Pomone
Voyez si rien y manque à lors que je l'ordonne.

LA VICTOIRE.

Il est vray que dans un moment
C'est surprendre les yeux par un enchantement;
Mais, Comus, m'en doit quelque gloire.

COMUS.

Je n'ay jamais à la Victoire
Disputé cet entestement,
Quoy qu'en tout & par tout sur chaque événement
Sa vanité toujours est de s'en faire accroire.
Mais soit; en attendant des mets plus précieux,
Dont la diversité n'a rien veu de semblable,
Plaisirs, pour achever, faites de votre mieux,
Afin d'Etre admirez de plus près à la Table.

Entrée des Silvains, des Plaisirs, de Flore & de Nimphes.

BACCHUS, *chante.*

C'est icy qu'après sa Victoire,
Bacchus, par l'Amour désarmé,
Viens chercher du repos & célébrer la gloire
D'un vainqueur comme luy de deux beaux yeux charmé.
Des regards d'Ariadne, ils ont toutes les graces,
Qui m'ont en un instant percé de mille traits;
Et des mêmes vertus qui brillent sur ses traces
Je voy dans une Reyne icy tous les attraits.

Que vos chaines soient éternelles.
Brulez toujours des plus beaux feux;
Les soucis, les troubles facheux
Ne suivent point les cœurs fidelles.

CHŒUR.

Que vos chaines soient éternelles.
Brulez toujours des plus beaux feux;

Les soucis, les troubles facheux
Ne suivent point les chœurs fidelles.

Dialogue de Vertume et Pomone.

VERTUME.

Vertume pour plaire à Pomone,
Cent fois s'est méthamorphosé;
Mais il voit son art épuisé
Sans qu'à ses vœux elle se donne;
Languira-t-il toujours pour elle vainement
Dans un cruel tourment?

POMONE.

L'Amour, est un enfant volage
A qui l'on n'ose s'engager;
Pomone en recevrait l'hommage,
Mais elle craint qu'il ne vienne à changer.

VERTUME.

Ne vous lassez-vous point de payer ma constance
Par de longs et cruels mépris?
Cédez à ma persévérance,
Qu'un doux hymen en soit le prix.

POMONE.

Ne me pressez point de me rendre.
Je crains d'Aymer trop tendrement.

VERTUME.

Pouvez vous encore vous défendre
De suivre un lien sy charmant?
Les Dieux, les plus grands Roys vous en donnent l'exemple.
Qu'y trouvez-vous de dangereux?
Ah! faites que l'on me contemple
Au nombre des amants heureux.

POMONE.

Je sens que je combats malgré moy votre flame.
L'amour, même l'amour, me fait sentir ses coups;
Il s'empare en vainqueur du foible de mon ame;
Vertume, s'en est fait, & Pomone est à vous.

VERTUME ET POMONE.

Un secret désir fait que l'on s'engage
Et que l'on se livre au plus tendre amour.
La plus fière, la plus sage,
Ne peut l'éviter un jour;
Et dans ce charmant naufrage
Chacun succombe à son tour.

L'AMOUR.

Aimez, suivez votre tendresse;
L'Amour, luy même vous en presse.
Il n'a plus de traits rigoureux;
Tout m'obéit sur la terre et sur l'onde,
Et les liens dont j'assemble le monde,
Ne sont que pour le rendre plus heureux.

UNE NIMPHE.

Les Plaisirs, l'Hymen, & l'Amour
Triomphent dans ce beau séjour;
Ce n'est qu'après eux qu'on soupire
Sous le puissant Héros de cet empire.

On y voit pour jamais,
La Victoire & la Paix,
Sans crainte des Allarmes,
Assembler tous leurs charmes.

VERTUME.

Bacchus, & l'Amour sont unis,
Ils ne se feront plus la guerre.
Puis que leurs troubles sont finis,
Ils ne s'armeront plus que de vin dans un verre.

Tous les Silvains, Flore, les Nimphes & les Plaisirs terminent le spectacle en dansant.

F<small>IN</small>.

L'IMPROMPTU

DES

Bergers de Potsdam

Prologue héroïque

PAR

LE Sr. SÉVIGNY, COMÉDIEN DU ROY

ACTEURS

Climène Bergère héroine. . . . . . . Mlle Clavel.
Licas   Berger Héroique. . . . . . . Le Sr Durocher.
Lisandre Berger Héroique. . . . . . . Le Sr Nisse.

ACTEURS CHANTANS

Amarilis, bergère. . . . . Mlle Wideman.
Oriane bergère. . . . . Mlle Blesendorff.
Dorilas berger. . . . . Le Sr Froböse.
Daphnis berger . . . . Le Sr Campioly.

Trouppe de *Bergers chantans & Dansans*.

La Scène est au *Rivage de Potsdam*.

PROLOGUE

Le Théatre représente une campagne admirable.

CLIMÈNE *Mlle Clavel.*

Assemblez vous sur cette Rive
Et quittez vos Trouppeaux, héroiques Bergers.
Rien n'est pour eux à craindre au tour de vos vergers.
Dans un Evènement suprenant quy m'arrive,
J'ay besoin du secours, de l'ardeur la plus vive.

LICAS *Le Sr Durocher.*

Quelle pressante nouveauté
Montre vôtre esprit agité ?
Parlez, adorable Climène ;
S'il ne faut que mon bras, mon Courage et mes soins,
Les effets seront les Témoins
Du zele quy vers vous m'ameine.

LISANDRE *Le Sr Nisse.*

D'où vous nait ce grand mouvement
Dans le parfait repos dont nous goutons les charmes ?
Eclaircissez nous promptement ;
Redoutez vous quelques allarmes ?

CLIMÈNE.

Non, jamais on ne vit à la Tranquilité
Peut être succéder tant de félicité !
    La nôtre devient sans pareille !
    Et dans ce champêtre séjour,
Où le Printemps attire une Pompeuse Cour,
La Paix se plait à faire Eclore une merveille !
    L'Intelligence et l'Amitié
    Avec elle sont de moitié !
La vertu, la grandeur de deux ames suprêmes
Ne prennent que la foy du maître de ces lieux
Pour voir en mesme champ briller trois Diadêmes.
    Bonheur d'autant plus précieux
    Entre leur union parfaite,
    Qu'il n'est point de Trâme secrète,
Dont le temps puisse un jour devenir l'Interprète.

Enfin, pour dissiper à Tous votre soucy,
    Trois grands Roys honnorent y cy
    De leur présence ce Rivage !
    Un si glorieux assemblage
    Exige de nous un hommage,
Dont le noble sujet passe nôtre pouvoir,
    Mais N'importe il est du Devoir.

    Le Dieu, quy répand sa Lumière
    Jusques aux plus lointains climats,
Par curiosité retarde sa carrière
Pour voir Tranquillement ces dignes Potentats
Confirmer les liens de leur Estime Entière.

LICAS.

    L'éclat des plus vives Couleurs,
    L'émail des différentes fleurs,

Le Printemps Eternel de nos vertes prairiës,
Tout le brillant de l'or, celuy des pierreriës,
La douceur des parfums, le concert des oyseaux,
  Toute la pureté des Eaux,
  L'aimable fraicheur de l'Ombrage,
Ce que le monde Etale ailleurs de Curieux,
  Ne sont qu'une Imparfaite Image
Près de la nouveauté que Contemplent mes yeux!

LISANDRE.

Les graces des Beautez par nos vœux attendries,
  Les Toizons de nos Bergeries,
  Nos Pâturages, nos Valons,
  La récolte de nos Sillons,
  Nos agréables chansonnettes,
  Nos hautbois, nos douces musettes
  Semblent ne m'intéresser plus
A l'aspect des Héros, dont brillent les vertus.

CLIMÈNE.

  Ne différons pas davantage.
  Hâtons l'Instant de notre hommage.
Venez, Pastres, Joignez le son des chalumeaux
  Aux chants des Bergers heroïques ;
  Les agréments rustiques
  Des plus simples hameaux
  Fournissent des plaisirs nouveaux
  Comme les fêtes magnifiques.

MARCHE.

des Hautbois, des S^{rs} le Mercier, compositeur du Ballet, de Langlois, Brunek, Goevrik, Sévigny, Dortu, Vetter, la D^{lle} Girardie. Chœur de Bergers Chantans & Dansans.

AMARILLIS, *Mlle. Wideman.*

Au deffaut des Enchantements,
Des Spectacles pleins D'ornements,
Les fleurs qui font notre parure
Seront nos hommages charmants :
Recevez nos encens des Dons de la nature.
Elle n'est pas plus pure
Que sont pour vous nos sentiments.

Entrée

Des Bergers & Bergères, présentants des fleurs & des Cages d'oyseaux à l'Assemblée.

DORILAS *Le Sr Frobôse.*

Le sort de ces oyseaux, que nous vous présentons,
Est de se faire prendre
Dans les filets que nous Tendons ;
Et le sort d'un Cœur Tendre
Est souvent sans retour
De se rendre
Dans les Rets de l'Amour.

ORIANE *Mlle. Blesendorff.*

Sur les pas des héros que ne puis-je marcher !
Je me ploirois à m'attacher
Chaque jour à quelque Conqueste.
L'histoire des guerriers sert à m'encourager
Et mon cœur cependant redoute le danger
D'un Teste à Teste
Du premier Berger.
La gloire uniquement dans cet Instant m'engage.
C'est elle à qui je rends hommage
A l'aspect de ces conquerrants ;

*J'ay laissé mes agneaux errans
Et j'eusse quitté Davantage
   Pour des objets si grands.*

DAPHNIS Le Sr Campioly.

*Notre Destin doit faire envie,
L'ors que, favorisés des Cieux,
Tant de grandeur unie
Nous honore en ces lieux;
Pour en conserver la mémoire,
Que des monuments Eternels
Soient élevez à la gloire
   De ces fameux mortels.*

Seconde Marche

De six Guerriers avec des Javelots & des boucliers dansant une Entrée & une Héroïne dansant seule.

CHŒUR DES BERGERS.

*Faisons répéter aux Ecos
L'éclat que ce grand jour nous laisse;
Et dans nos chants marquons sans Cesse
L'union de ces Trois héros.*

Entrée du
Rigodon des Bergers héroiques.

ORIANE.

Couplet du Menuet

*Nous Jouissons dans ces retraites
Des Douceurs de chaque saison;
Nous les goutons Toutes parfaites.*

Les Ris, les Jeux, nous suivent à foizon.
L'on n'y soufre point D'amourettes
Sans les unir à la Sage Raison.

Menuet des Bergers dansans.

Second couplet, *par Amarillis.*

Jamais le long de ce Rivage
Nous ne sommes sans les zéphirs.
Les loups n'y font aucun Ravage,
Tous nos Bergers n'ont que D'heureux Loizirs.
L'on ny connoit point D'esclavage,
Et c'est y cy le séjour des plaisirs.

DAPHNIS.

Nous ne craignons rien sur la Terre et sur l'onde.
Nos ennemis feront un vain effort ;
Nous les vaincront J'usques au bout du monde,
Tant que ces Roys voudront être D'accord.
Bâchus y cy prend part à notre feste.
Que ce grand Dieu nous seconde toujours ;
Un peu de vin à propos dans la Teste
Pour Triompher est d'un puissant secours.

CHŒUR.

Faisons répéter aux écos
L'éclat que ce grand jour nous laisse,
Et dans nos chants marquons sans cesse
L'union de ces Trois Héros.

Fin du Prologue.

Pour faire place à la Comédie qui Suit aussytost.

# BIBLIOGRAPHIE

BIBLIOGRAPHIE

I

XVIIIe SIÈCLE

ALEMBERT (D'). Trois mois à la cour de Frédéric. Lettres inédites de d'Alembert publiées et annotées par Gaston Maugras. Paris. Calman Lévy, 1886. Une brochure in-8o.
ANECDOTES DRAMATIQUES. Paris. Veuve Duchesne. 1775. 2 vol. in-16.
ARGENS (D'). Histoire de l'Esprit humain ou Mémoires secrets et universels de la République des Lettres. Berlin. Haude et Spener, 1768. 14 vol. in-16.
ARGENS (D'). Nouveaux Mémoires pour servir à l'histoire de l'Esprit et du cœur. La Haye. Frédéric-Henri Scheurleer 1745.
BAREITH. Mémoires de Frédérique-Sophie-Wilhelmine Margrave de Bareith depuis l'année 1706 jusqu'à l'année 1742 écrits de sa main. Troisième édition continuée jusqu'en 1758. Leipzig. N. Barsdorf. 1889. 2 vol. in-16.
BESSER (VON). Die Schriften des Herrn von Besser. Leipzig. 1732. 2 vol. in-8o.

BIELFELD (DE). Progrès des Allemands dans les Sciences, les Belles-Lettres et les Arts, particulièrement dans la Poésie, l'Eloquence et le Théâtre. Leide. Samuel et Jean Luchtmans. 1767. 2 vol. in-8º.

BIELFED (DE). Lettres familières et autres. La Haye. Pierre Gosse Junior. 1763. 2 vol. in-16.

BIELFELD (DE). Comédies nouvelles. Berlin. Etienne Bourdeaux, libraire du Roy et de la Cour, 1753. Un vol. in-16.

CATT (H. DE). Unterhaltungen mit Friedrich dem Groszen. Herausgegeben von R. Koser. (Publicationen aus den K. Preussischen Staatsarchiven.) Leipzig. S. Hirzel. 1884. Un vol. in-8º.

CHRONOLOGIE des deutschen Theaters. 1775. Un vol. in-8º.

COCHOIS (Mlle B.) Lettres philosophiques et critiques par Mlle C*** (Cochois) avec les réponses de M^r le Marquis d'Arg***. (Argens.) La Haye. Pierre Hondt. 1744. Un vol. in-16.

DANCOURT (L. H.). Arlequin de Berlin à J.-J. Rousseau, citoyen de Genève. Berlin et se vend à Lausanne chez François Grasset. 1760. Un vol. in-16.

DICTIONNAIRE DES THÉATRES DE PARIS. Paris. Lambert. 1756. 7 vol. in-16.

ERMAN. Mémoires pour servir à l'histoire de Sophie-Charlotte, Reine de Prusse. Berlin. G. F. Starcke. 1801. Un vol. in-8º.

FORMEY. Souvenirs d'un citoyen. Paris. P.D. Barez. 1797. 2 vol. in-16.

FRÉDÉRIC LE GRAND. Œuvres complètes. Berlin. Rodolphe Decker. 1846-1856. 30 vol. in-8º.

FRÉRON. Lettres sur quelques écrits de ce temps. Nancy et se vend à Paris chez Duchesne, 11 vol. in-16.

HANNOVER. Memoiren der Herzogin Sophie nachmals Kurfürstin von Hannover. Herausgegeben von Dr. Adolf Köcher. (Publicationen aus den K. Preussischen Staatsarchiven.) Leipzig. S. Hirzel. 1879. Un vol. in-8º.

NICOLAÏ. Beschreibung der Königlichen Residenzstäte Berlin und Potsdam. Berlin. Friedrich Nicolaï. 1786. 3 vol. in-8º.

ORTGIES (F. H.). Berliner geschriebene Zeitungen aus den Jahren 1713 bis 1717 und 1735. Herausgegeben von Dr. Ernst Friedlaender. Berlin. Ernst Siegfried Mittler und Sohn. 1902. Un vol. in-8º.

PLÜMICKE (C.M.). Entwurf einer Theatergeschichte von Berlin nebst allgemeinen Bermerkungen über den Geschmak, hiesige Theaterschriftsteller und Behandlung der Kunst in den verschiedenen Epochen. Berlin und Stettin. Fiedrich Nicolaï. 1781. Un vol. in-18.

PÖLLNITZ. Mémoires contenant les observations qu'il a faites dans ses voyages et le caractère des personnes, qui composent les principales Cours de l'Europe. Liége. Joseph Demen. 1734. 3 vol. in-18.

PÖLLNITZ. Mémoires pour servir à l'histoire des quatre derniers souverains de la Maison de Brandebourg royale de Prusse. Berlin. Chrétien Frédéric Voss. 1781. 2 vol. in-18.

RICCOBONI (L.). Réflexions historiques et critiques sur les différens théâtres de l'Europe. Paris. Jacques Guérin. 1738. Un vol. in-8º.

SECKENDORFF. Journal secret depuis 1734 jusqu'à la fin de l'année 1738. Tubingue. J.-G. Cotta. 1811.

SÉVIGNY. Le Triomphe des Amours et des Plaisirs. Ballet royal. Cologne sur la Sprée. Ulric Liebpert, Imprimeur du Roy. 1708. Un vol. in-8º.

SÉVIGNY. L'Impromptu des Bergers de Potsdam. Prologue héroïque. Cologne sur la Sprée. Ulric Liebpert, Imprimeur du Roy. Un vol. in-4º.

THIÉBAULT (DIEUDONNÉ). Mes souvenirs de vingt ans de séjour à Berlin ou Frédéric le Grand, sa famille, sa cour, son gouvernement, son Académie, ses écoles et ses amis littérateurs et philosophes. Paris. Dubuisson. An XII. 5 vol. in-8º.

VOLTAIRE. Œuvres complètes. Edition Beuchot. Paris. 1828. 70 vol. in-8º.

Consulter également l'édition Moland. Paris 1877-1883. 52 vols. in-8º.

II

OUVRAGES CONTEMPORAINS.

BERGAU (R.). Inventar der Bau- und Kunst denkmäler von Berlin. Vossische Buchhandlung. 1895. Un vol. in-8º.
BLAZE DE BURY. Le Chevalier de Chasot. Paris. Michel Lévy. 1862. Un vol. in-16.
BORRMANN (R.). Die Bau- und Kunstdenkmäler von Berlin. Julius Springer. 1893. Un vol. in-4º.
BRACHVOGEL (A. E.). Das alte Berliner Theater-Wesen bis zur ersten Blüthe des deutschen Dramas. Berlin. Otto Janke. 1877. Un vol. petit in-4º.
BRATUSCHECK. Die Erziehung Friedrichs des Grossen. Berlin. 1885.
CARLYLE. History of Friedrich II of Prussia. London. 1858-1865. 6 vol.
DESNOIRESTERRES (G.). Voltaire et la Société française au xviiiº siècle. Voltaire et Frédéric. Deuxième édition. Paris. Didier. 1871. Un vol. in-8º.
DUSSIEUX (L.). Les Artistes français à l'étranger. Paris. Lecoffre fils et Cie. 1876. Un vol. in-8º.
FISCHER (K.). Geschichte der neuern Philosophie. Zweiter Band : Leibnitz. München. Fr. Bas. Un vol. in-8º.
FÖRSTER (F.). Friedrich-Wilhelm I, König von Preussen. Potsdam. 1834. Ferdinand Riegel. 3 vol. in-8º.
GEIGER (L.). Berlin, 1688-1840. Geschichte des geistigen Lebens der preussischen Hauptstadt. Berlin. Gebrüder Paetel, 1893. Un vol. in-8º.

GONCOURT (E. de). Madame Saint-Huberty d'après sa correspondance et ses papiers de famille. Paris. Charpentier. 1885. Un vol. in-16.

HAMILTON (A.). Rheinsberg : Memorials of Frederick the Great and Prince Henry of Prussia. London. John Murray. 1880. 2 vol. in-8°.

HEYCK (ED.). Friedrich I und die Begründung des preussischen Königtums. (Monographien zur Weltgeschichte, n° XIV). Bielefeld und Leipzig. Velhagen und Klasing. 1901. Un vol. in-8°.

KOSER (R.) Friedrich der Grosze als Kronprinz. Stuttgart. Cotta'sche Buchhandlung. 1886. Un vol. in-8°.

KOSER (R.) König Friedrich der Grosze. Stuttgart. Cotta'sche. Buchhandlung. 1890-1900. 2 vol. in-8°.

LAVISSE (E.). La Jeunesse du Grand Frédéric. Paris. Hachette. 1891. Un vol. in-8°.

LAVISSE (E.). Le Grand Frédéric avant l'Avènement. Paris. Hachette. 1893. Un vol. in-8°.

LEDEBUR (K. VON). König Friedrich I von Preussen. Leipzig. Otto-Aug. Schulz. 1878. Un vol. in-8°.

LEMAZURIER (P. D.). Galerie historique des acteurs du théâtre français depuis 1600 jusqu'à nos jours. Paris. Joseph Chaumerot. 1810. 2 vol. in-8°.

MURET (M.). L'influence française à la cour de Berlin. Frédéric I et Sophie-Charlotte. *Journal des Débats*, samedi 21 septembre 1901.

PREUSZ (J. D. E.). Friedrich der Grosze. Eine Lebensgeschichte. Berlin. Rauckscke Buchhandlung. 1832. 4 vol in-8°.

Urkundenbuch zu der Lebensgeschichte Friedrichs des Grossen. Berlin. Rauckscke Buchhandlung. 1832. 5 vol. in-8°.

PREUSZ (J. D. E.). Friedrich der Grosze als Schriftsteller. Berlin. Veit und Comp. 1837. Un vol. in-8°.

Supplément. Memes éditeurs. 1838. Un vol. in-8°.

RÖSELER (W.). Die Barberina. Berlin. Freund und Jeckel. 1890. Un vol. in-16.

SAYOUS (A.) Le xviiie siècle à l'étranger. Histoire de la littérature française dans les divers pays d'Europe depuis la mort de Louis XIV jusqu'à la Révolution. Paris. Amyot. 1861. 2 vol. in-8º. (*Le tome II de cet ouvrage est seul à consulter.*)

SCHÄFFER (C.) und HARTMANN (C.). Die Königlichen Theater in Berlin. Berlin. Berliner Verlags-Comtoir. 1886. Un vol. in-8º.

SCHNEIDER (L.). Geschichte der Oper und des königlichen Opernhauses in Berlin. Berlin. Duncker und Humblot. 1852. Un vol. in-8º.

Un atlas in-folio accompagne cet ouvrage.

SEIDEL (P.) Friedrich der Grosze und die französische Malerei seiner Zeit. Berlin. Albert Frisch. Un vol. grand in-4º.

SPAHN (M.). Die Wiedergeburt Deutschlands im 17. Jahrhundert. Der Grosse Kurfürst. Mainz. Franz Kirchheim. 1902. Un vol. in-8º.

THOURET (G.). Die Musik am preussischen Hofe im 18. Jahrhundert. *Hohenzollern Jahrbuch.* 1897.

THOURET (G.). Einzug der Musen und Grazien in die Mark. *Hohenzollern Jahrbuch.* 1900.

VARNHAGEN VON ENSE : Leben der Königin von Preussen Sophie-Charlotte. Berlin. 1837. Un vol. in-12.

INDEX ALPHABÉTIQUE

INDEX ALPHABÉTIQUE

A

Adélaïde Dugueslin, *trag.*, 57.
Adriani, 175.
Adriano in Siria, *op.*, 66.
Agricola, 174.
Ainsi (Mlle d'), 53.
Aix, 40.
Alembert (d'), 24, 50, 112, 114, 118, 138, 225.
Alessandro, *op.*, 88.
Algaroti, 22, 68, 152, 169.
Allainval (d'), 101.
Alzire, *trag.*, 21.
Amans fidèles (Les), *com.*, 51.
Amélie (Princesse de Prusse), 42, 43, 58, 92.
Amour pour amour, *com.*, 102.
Amsterdam, 86.
Ancre (Maréchal d'), 79.
Andromaque, *trag.*, 14, 43.
Andronic, *trag.*, 83.
Angleterre (Henriette d'), 80.
Antoine et Cléopâtre, *op.*, 64.
Argens (Marquis d'), 31, 32, 33, 34, 36, 38, 39, 40, 41, 43, 45, 46, 47, 93, 95, 97, 98, 99, 100, 102, 103, 104, 109, 110, 164, 225, 226.
Argens (Marquise d'), Voyez Cochois (Mlle B.).
Argental (Comte d'), 96, 105, 112, 113, 136.
Ariosti (A.), 81.
Arlequin apprenti philosophe, *com.*, 100, 101.
Arlequin empereur dans la lune, *com.*, 100.
Armide, *op.*, 68, 171.
Arminio, *op.*, 66.
Arnault, 96, 106.
Arnim (Baron von), 58, 60, 62, 111, 139, 140, 142, 143, 144, 145, 146, 147, 148, 149.
Artaserse, *op*, 66.
Artus, 155, 167, 168.
Artus (Mlle), 66, 154, 155, 160, 164, 166, 167, 168, 171, 172, 173, 174.
Assenoncourt (Mlle d'), 66.
Aubecourt, 112.
Aubecourt (M^e), 112.

Aufresne, 24, 56, 57, 58, 59, 136, 137, 140.
Auguste (aînée Mlle), 170, 174.
Auguste (cadette Mlle), 66, 154, 155, 161, 165, 166, 167, 168, 170, 171, 172, 173.
Auguste - Guillaume (Prince de Prusse), 42, 104.
Auretty (Mlle), 53.
Avare (L'), *com.*, 60.

B

Bailly, 60.
Bailly (M^e), 60.
Bailly (Mlle), 60.
Baptiste, 51, 52.
Barberina (La), 65, 66, 67, 96, 154, 155, 156, 162, 163, 164, 165, 166, 167, 168, 229.
Barbier de Séville (Le), *com.*, 60.
Bareith (Margrave de), 17, 18, 22, 25, 42, 73, 88, 89, 91, 92, 106, 112, 164, 225.
Baron, 40, 114, 137.
Bâton (Mlle), 42.
Beausobre (de), 5.
Behrenstrasse (Théâtre de la), 53, 59.
Belissen, 45, 108.
Belleville (M^e de), 132.
Benda, 23.
Bergau (R.), 228.
Berger (A.), 52.
Berlin, 1, 3, 4, 6, 8, 16, 17, 18, 19, 21, 25, 28, 29, 30, 31, 35, 38, 40, 41, 42, 46, 52, 53, 55, 57, 59, 65, 66, 67, 69, 74, 75, 80, 85, 87, 89, 102, 103, 104, 105, 106, 109, 111, 112, 115, 116, 120, 124, 125, 127, 129, 130, 131, 138, 144, 145, 153, 164, 168, 169, 175.
Berno (Mlle), 28.

Bertrand, 55, 60, 132.
Bertrand (M^e), 55, 60, 132.
Besser (von), 6, 225.
Beuré, 121, 125.
Béville (Chenevix de), 19, 20.
Bielfeld (Baron de), 22, 25, 73, 91, 92, 104, 110, 226.
Binet, 4.
Bissy (Cardinal de) 94.
Blache, 44, 68, 174.
Blainville, 53, 54, 55, 114, 119, 120, 121, 122, 123, 124, 125, 126, 127, 130, 132.
Blaze de Bury, 153, 228.
Blesendorff (Mlle), 215, 220.
Boinet (P.), 74.
Boissy, 45, 60, 114.
Bordeaux, 119.
Borrmann (R.), 228.
Boucher, 67, 165, 166, 167, 168.
Boude, 189.
Boulay, 172.
Boumann, 59, 141.
Bouquet (Le), *bal.*, 164.
Bourdet, 53.
Bourgeois gentilhomme (Le), *com.*, 60.
Bourgogne (Hôtel de), 80.
Bourru bienfaisant (Le), *com.*, 57, 60.
Brachvogel (A. E.), 74, 75, 90, 94, 111, 112, 113, 118, 151, 155, 228.
Brandenburg(Louise-Dorothée-Sophie, Princesse de), 7, 81.
Brandt, 23.
Brandt (M^e), 24, 25.
Bratuscheck, 228.
Braunschweig-Lüneburg (Jean-Frédéric, Duc de), 80.
Braunschweig-Lüneburg (Wilhelmine-Amélie de), 7, 80, 179.
Breslau, 31.
Britannico, *op.*, 68, 172.
Britannicus, *trag.*, 92.

INDEX ALPHABÉTIQUE

Brizard, 53, 56.
Brou (de), 94.
Bruneck, 189, 219.
Bruneval, 53.
Bruneval (M⁰), 53.
Brunswick (Duchesse de), 50, 57.
Bruxelles, 10, 11, 12, 14, 74, 83, 84, 88, 95.
Buchholtz, 128.
Bulau (Mlle de), 79.

C

Camargo (Mlle), 164.
Campanini (ainée Mlle), voyez Barberina.
Campanini (cadette Mlle), 154, 155.
Campardon, 175.
Campioli, 215, 221.
Caractères de la danse (Les), *Bal*, 151.
Carlyle, 228.
Carville (Mlle), 102.
Castil-Blaze, 175.
Cataneo (Comte de), 65, 154.
Catherine II, 57, 59, 137.
Catone in Utica, *op.*, 66.
Catt (H. de), 92, 226.
Cénie, *com.*, 114.
César, 131.
Chambrier, 64, 153.
Charles, 15, 189.
Charles II, Roi d'Espagne, 80.
Charles VI, Empereur, 29.
Charles XII, Roi de Suède, 15.
Charles-Eugène, Duc de Wurtemberg, 51, 69, 113.
Charles-Louis, Electeur palatin, 79.
Charles-Maurice (Raugrave), 79.
Charlottenburg, 46, 76, 77.
Chartenier, 107.
Chasot (Chevalier de), 22.
Chevalier à la mode (Le), *com.*, 45.

Cideville, 92.
Cinna, *op.*, 67, 165.
Cinna, *trag.*, 57, 136, 137.
Cionnois (Mlle), 67, 68, 165, 166, 168, 174.
Cirey, 46.
Clairon (Mlle), 36, 53.
Clairval, 53.
Clavel *fils*, 14, 87, 189, 195.
Clavel *mère*, 14, 189, 195, 215, 217.
Clavel *fille*, 14, 195.
Clavel (Mlle E.), 83.
Cléofide, *op.*, 68, 174.
Cléricourt, 60, 144, 145, 150.
Cléricourt (Mme), 60, 144, 145, 150.
Cocceji (Baron de), 67, 168.
Cochois *père*, 34.
Cochois *fils*, 34, 39, 66, 154, 155.
Cochois *mère*, 34, 35.
Cochois (Mlle B.), 34, 36, 37, 38, 39, 43, 64, 93, 96, 97, 98, 99, 100, 102, 154, 155, 159, 161, 163, 164, 226.
Cochois (Mlle M.), 35, 64, 66, 67, 69, 96, 152, 153, 155, 157, 159, 162, 163, 164, 165, 166, 167, 168, 170, 171, 172, 173, 174.
Collé (C.), 42, 104.
Collini, 104, 105.
Cologne-sur-la-Sprée, 9, 75.
Colombine avocat pour et contre, *com.*, 152.
Comte d'Essex (Le), *trag.*, 58, 94.
Consentement forcé (Le), *com.*, 60.
Copenhague, 58.
Copenik, 88.
Coquette corrigée (La), *com.*, 94.
Coriolan, *op.*, 68, 169.
Corneille (P.), 45, 165.
Cortini. Voyez Denis.
Coudrais (Mlle des), 2.
Courcelle, 60, 61, 143, 144, 145, 150.
Crébillon, 31, 45, 112, 114.
Crispin médecin, *com.*, 60.

Crispin musicien, com., 80.
Croisette (Mlle), 51, 52.
Cujas, 109.
Curland (Duc de), 7, 81.
Curland (E. Duchesse de), 7.
Curland (M. Princesse de), 7.
Cüstrin, 22.

D

Dainville, 53.
Dainville (Mlle), 53.
Dallemand (Mlle M.), 164.
Damon, 59.
Dancourt (Florent Carton), 27, 45.
Dancourt (L. H.), 45, 53, 93, 108, 226.
Dangeau (Marquis de), 22.
Darget, 41, 104.
Dauvilliers, 12.
Davesne (N. Bertin), 100.
Decker (R.), 109.
Degenfeld (La), 79.
Delavigne (C.), 62.
Demofonte, op., 66.
Denis, 68, 169, 170, 171, 172, 173, 174.
Denis (Me Cortini), 68, 169, 170, 171, 172, 173, 174.
Denis (M^e), 104, 105, 106.
Descartes (R.), 36, 37.
Desforge, 34.
Desforge (M^e), 33, 34.
Désirée (Mlle), 14, 189, 195.
Desnoiresterres (G.), 94, 228.
Desnoyers, 7.
Desormes, 44, 100, 107, 108.
Desplaces, 68, 69, 174, 175.
Desplaces, neveu, 69, 175.
Destouches, 45, 60.
Detan (P.), 74.
Deuil (Le), com., 102.
Deux amis (Les), com, 60.

Deux bals (Les), com., 94.
Deys (L.), 12, 13.
Dijon, 40.
Dissipateur (Le), com., 60.
Distrait (Le), com., 60.
Döbblin, 141.
Döbeln, 3, 52, 75.
Dohna (Comte de), 90.
Domitilla (Mlle), 67, 165, 166, 168.
Dorival, 55, 61, 132, 144.
Dortu, 219.
Douai, 28, 94.
Dourdet, 165.
Dresde, 39, 58.
Drouin, 40, 102.
Drouin (Mlle A.), 40, 41, 102, 103.
Dubois (C. S.), 88.
Dubois aîné, 67, 68, 108, 154, 155, 165, 166, 167, 168, 169, 170, 171, 172, 173, 174.
Dubois cadet, 67, 165, 166, 167, 168, 169, 170, 171, 172, 173, 174.
Dubuisson, 20.
Dubuisson (Mlle), 66, 161, 164.
Duc d'Alençon (Le), trag., 42, 106.
Duc de Foix (Le), trag., 106.
Duché, 165.
Dumesnil, 14, 189, 195.
Dumesnil (Mlle M. A. F.), 40, 102.
Dumesnil (Mlle), 14, 189, 195.
Duportail (Mlle), 43, 106, 107, 154, 155, 165, 166, 167, 168, 170, 171, 172, 173.
Dupuis, 53, 59.
Dupuis et Desronais, com., 136.
Duquesnois, 53.
Durocher (G.), 8, 9, 10, 11, 12, 13, 14, 15, 84, 85, 86, 87, 195, 215, 217.
Durocher aînée (Mlle), 14, 195.
Durocher cadette (Mlle), 195.
Dussieux (L.), 74, 228.
Duvernet, 104.

E

Eckenberg, 18, 19, 90, 91.
Ecole des amis (L'), *com.*, 25.
Ecole du monde (L'), *com.*, 46, 109.
Ecossaise (L'), *com.*, 103.
Edou (Mlle), 113, 115.
Edouard III, *trag.*, 25.
Electre, *trag.*, 112, 114.
Elisabeth - Christine, Reine de Prusse, 20, 22.
Embarras de la Cour (Les), *com.*, 46, 109.
Embarras des richesses (L'), *com.*, 101.
Empaytaz, 120, 123.
Enfant prodigue (L'), *com.*, 25.
Enghien (Duc d'), 6, 80.
Erman, 226.
Ernoult, 12, 84.
Etourdi (L'), *com.*, 60.
Europa galante, *op.*, 67, 166.

F

Fabris, 102.
Fatouville, 100, 152.
Fausses Confidences (Les), *com.*, 45, 60.
Favier, 34.
Ferdinand (Prince de Prusse), 42.
Fernet, 53.
Ferney, 57, 137.
Festa del Himeneo, *op.*, 7, 81.
Feste galanti, *op.*, 67.
Fêtes vénitiennes (Les), *bal.*, 164.
Fetonte, *op.*, 68, 169.
Fierville (P.), 112, 113.
Fierville, 51, 52, 53, 112, 113, 114, 115.
Fierville fils, 69, 175.
Fierville (M^e), 51, 113.

Fischer (K.), 76, 77, 228.
Fleury, 24, 92, 118, 119.
Fleury (Mlle), 60, 61, 142, 143, 145, 150.
Fompré (H.-F.), 83.
Fompré, 10, 11, 12, 83.
Fompré (Mlle), 12.
Fontainebleau, 6, 79, 94.
Fontenelle, 37.
Formey, 24, 89, 92, 138, 226.
Förster, 74, 88, 89, 90, 92, 228.
Fous (Les), *bal.*, 164.
Français à Londres (Le), *com.*, 60.
Francisque, 34.
Frédéric I, Roi de Prusse, 1, 3, 4, 6, 7, 9, 10, 11, 12, 13, 14, 15, 16, 19, 52, 75, 76, 79, 80, 84, 88, 207.
Frédéric II, Roi de Prusse, 19, 20, 21, 22, 23, 24, 25, 27, 28, 29, 30, 31, 32, 33, 34, 36, 38, 39, 40, 41, 42, 43, 44, 45, 46, 47, 49, 50, 51, 52, 53, 54, 55, 57, 58, 59, 60, 61, 63, 64, 65, 66, 68, 69, 73, 76, 77, 91, 92, 93, 95, 98, 99, 100, 101, 102, 103, 104, 108, 109, 111, 112, 113, 114, 115, 116, 117, 118, 119, 120, 121, 122, 123, 124, 125, 126, 127, 128, 129, 132, 134, 135, 136, 138, 139, 140, 141, 142, 143, 145, 146, 147, 148, 149, 150, 151, 152, 153, 154, 164, 168, 169, 174, 175, 225, 226, 227, 228, 229, 230.
Frédéric-Guillaume, Grand Electeur, 1, 2, 3, 19, 74, 75, 230.
Frédéric-Guillaume I, Roi de Prusse, 15, 16, 17, 18, 24, 25, 27, 28, 88, 89, 92, 228.
Frédéric - Guillaume II, Roi de Prusse, 58, 128, 129, 138, 139, 168.
Fredersdorff (de), 152.
Fréron, 100, 107, 226.
Frick, 14, 195.
Fridelin (Mlle P.), 7.

Friedlaender (E.), 73, 227
Froböse, 215, 220.
Fromenteau, 74.
Fuchs (von), 75.

G

Galliani, 53.
Gand, 11, 12.
Garnier (Mlle), 55, 132.
Gasseau, 11, 14, 84.
Gassendi, 37.
Gaussin (Mlle), 102.
Gauthier (Mlle), 94.
Geiger (L.), 228.
Gendarmenmarkt (Théâtre du), 59, 60, 61, 141.
Genève, 137.
Gerardy (Mlle), 53.
Gericke (S.), 76.
Girardie (Mlle), 189, 219.
Giraud, 66, 68, 154, 155, 165, 166, 167, 168, 170, 171, 172, 173.
Giraud (Mlle M), 45, 108.
Giraud (Mlle R.), 43, 68, 107, 108, 165, 166, 167, 168, 170, 171, 172, 173, 174.
Giusti (T.), 81.
Glogau, 168.
Gobert, 68, 174.
Goldoni, 57.
Golowski (Comte), 112.
Golze, 135.
Goncourt (Ed. de), 136, 229.
Göricke, 189, 219.
Göthe (Eosander von), 76.
Gotter (Comte), 153.
Gotzen (Mlle), 174.
Gourville, 53
Graffigny (Me de), 114.
Grandval, 102.
Graun, 22, 23, 63, 66, 67, 68, 152, 154, 165, 166, 169, 170, 171, 172, 174.

Grenier, 59.
Grenier (Me), 59.
Grenier (Mlle), 59.
Gresset, 25, 43, 45.
Guimard (Mlle), 53.
Gundling, 17, 89.
Guyot de Merville, 60.

H

Halle, 17, 46.
Hamburg, 52.
Hamel (Du), 19.
Hamilton, 74, 229.
Hamon, 52, 53.
Hamon (Mlle), 53.
Hamrath, 13, 14, 85, 86, 87.
Händel, 88.
Hanovre, 79, 148.
Hanovre (J. F. Duc de), 6.
Hanovre (S. Duchesse de), 4, 5, 79, 80, 226.
Harris, 135.
Hartmann (C.), 84, 85, 95, 113, 114, 141, 230.
Hasse, 66, 154.
Hauchecorne (Mlle), 96, 155, 156.
Hauteroche, 60, 80.
Hauteville (Me), 34, 102.
Hayes (Des), 2.
Heinel (Mlle), 69, 175.
Henneguy (Mlle), 60, 144, 145, 150.
Henrieux, 51.
Henry (Prince de Prusse), 42, 43, 58, 61, 77, 78, 80, 92, 114, 142, 185, 229.
Hérodote, 98.
Hertzberg, 54, 119, 124, 125, 126, 127, 128, 129, 130, 131.
Hervieux (D'), 43, 68, 106, 107, 108, 169, 170, 171, 172, 173, 174.
Hesse (Frédéric-Charles, Landgrave de), 7.

Hesse-Cassel (Elisabeth-Henriette de), 76, 81.
Hessig (J. von), 13, 85, 86.
Heurtaux, 42.
Heyck (E.), 76, 229.
Homme à bonnes fortunes (L'), com., 50.
Horace, 21, 36.
Huault (A.), 74.
Hubertzburg, 49.

I

Iffland, 141.
Impromptu des bergers de Potsdam (L'), prologue 15, 215.
Inès de Castro, trag., 103.
Ingarde, 53.
Itzenplitz (Comtesse d'), 109.

J

Jaquelot, 5.
Jardiniers (Les), ou Les Ciseaux, bal., 164.
Jordan, 22, 91, 109, 153.
Jodelet musicien, com., 80.
Joseph I, Empereur, 7, 80, 179.
Josset, 155, 164.
Julien, 60, 132, 144, 145, 150.
Jungfrau von Orleans (Die), trag., 141.

K

Kannenberg (M⁰ de), 23.
Kaphensk, 60, 142.
Katsch (M⁰ de), 22.
Kayserling, 22, 46, 91.
Knobelsdorff, 20, 22, 31, 64, 76.
Königsberg, 4.

Koser (R.), 74, 91, 93, 229.
Kronen (Mlle), 174.

L

La Bruyère, 99.
La Chaussée, 45, 102.
La Chavane, 55, 56.
La Croix (P.), 75.
La Haye, 28, 52, 92, 95.
La Mettrie, 107.
La Motte (Houdart de), 166.
La Motte, 43, 106.
La Motte (M⁰), 44, 107, 108.
La Motte-Fouqué (Baron de), 22, 25, 92.
Lanoret, 66.
Langhans, 141.
Lani (B.), 64, 65, 66, 68, 154, 155, 161, 164.
Lani (Mlle C.), 64.
Lani (Mlle M.), 64, 65, 66, 154, 155, 158, 163, 164.
Lanoue, 12.
La Noue (J. Sauvé de), 28, 29, 30, 31, 61, 94, 95, 102.
La Palme (De), 189.
Laroche (M⁰), 46.
La Thuilerie, 14.
La Tour, 2.
Lauberty, 60, 144, 145, 150.
Lauberty (M⁰), 53, 61, 144, 145, 150.
Lauraguais (Comte de), 69.
L'Avenant, 15, 189.
Laverdet, 95.
Lavisse (E.), 74, 75, 88, 229.
Le Bauld-de-Nans, 60, 61, 144, 145, 150.
Leckzinska (Marie), Reine de France, 94.
Le Clerc, 66, 154, 155.
Le Couvreur (Mlle A.), 40, 41, 102.

Ledebur (K. von), 74, 76, 79, 80, 81, 229.
Le Fèvre, 44, 67, 165, 166, 167, 168, 169, 170, 171, 172, 173, 174.
Leibnitz, 4, 5, 75, 76, 79, 81, 89.
Lekain (H. L.), 24, 45, 56, 57, 58, 138, 139.
Lemazurier (P. D.), 88, 114, 229.
Le Mercier, 15, 189, 195, 219.
Le Moine, 132.
Le Moine (M^e), 51, 52, 132.
Lenfant, 5.
Lenostre, 77.
L'Epi, 69.
Le Roi (Mlle R.), 165, 166, 167, 168.
Le Sage, 39, 45, 96.
Lespinasse (Mlle), 50, 112.
Le Voir, 68, 170, 171, 173, 174.
L'Horme (De), 132.
Lille, 28, 33, 34, 94, 95.
Lionnois. Voyez Cionnois.
Locke, 37.
Londres, 44, 152, 153.
Louis XIV, 4, 90.
Louvriers, 108.
Lucrèce, 81.
Lützenburg, 4, 6, 7, 19, 76, 77, 80.
Lyon, 40, 52, 57, 103.

M

Mackenzie (Lord Stuart de), 65, 153.
Mahomet, *trag.*, 42, 118, 136.
Mahomet II, *trag.*, 28, 31, 94.
Maillet, 87.
Maintenon (M^e de), 4.
Malade imaginaire (Le), *com.*, 60.
Mandolines (Les), *bal.*, 164.
Mannheim, 61, 148.
Marc, 132.
Mariamne, *trag.*, 42.
Marion Duvernier, 59, 134.

Marivaux, 39, 45, 98, 105, 108, 109.
Marschal (Milord), 99.
Marseille, 40, 41, 43, 102, 103.
Marville, 43, 106.
Marye, 2.
Marye (Mlle), 2.
Maubuisson (L. H., Abbesse de), 79.
Maugras (G.), 225.
Mauro, 81.
Mauvais Riche (Le), *com.*, 106.
Maximilien-Emmanuel, Electeur de Bavière, 74.
Meaux, 94.
Mecklemburg-Schwerin (Sophie-Louise de), Reine de Prusse, 15, 88, 191, 207.
Médecin par occasion (Le), *com.*, 50.
Mélanide, *com.*, 50.
Mélesville, 62.
Mérope, *op.*, 68, 174.
Métastase, 154, 174.
Metz, 102.
Mingard, 105.
Misanthrope (Le), *com.*, 60.
Mithridate, *op.*, 68, 170.
Mithridate, *trag.*, 25.
Molain (Mlle). Voyez Cochois *mère*.
Molière, 18, 27, 31, 39, 45.
Mollwitz, 24, 31.
Monais, 53.
Monbijou (Théâtre de), 52, 59, 141.
Moncrif, 109.
Monet (J.), 44.
Monrose *père*, 55, 59, 132.
Monrose *fils*, 60, 144, 145, 150.
Montagne (De la), 88.
Montbéllard, 58.
Montézuma, *op.*, 68, 174.
Montperni (Marquis de), 45.
Monvel, 24.
Morrien (M^e de), 23.
Mort de César (La), *trag.*, 42, 92.

INDEX ALPHABÉTIQUE

Morveau (Guyton de), 142.
Mouhi, 109.
Munich, 33.
Muret (M.), 229.

N

Nanine, *com.*, 42, 105, 136.
Neu-Ruppin, 19.
Neuville, 56, 132, 136.
Neveu, 43, 66, 68, 106, 107, 108, 154, 155, 165, 166, 167, 168, 169, 170, 171, 172, 173, 174.
Neveu (Mlle), 170, 171, 172, 173.
Newton, 37.
Nicolaï, 227.
Nisse, 14, 195, 215, 217.
Noces d'Alexandre et de Roxane (Les), *op.*, 88.
Noverre, 66, 154, 155, 164.

O

Œdipe, *trag.*, 25, 58.
Orange (Frédérique-Sophie-Wilhelmine, Princesse d'), 50.
Oreste, *trag.*, 42.
Orfeo, *op.*, 68, 172.
Orléans (Duc de), 80.
Orléans (Elisabeth-Charlotte., Duchesse de), 79, 90.
Orneval (D'), 96.
Orphelin de la Chine (L'), *trag.*, 58.
Ortgies (F. H.), 73, 90, 227.
Osten (D'), 5.
Ostfriesland (Prince d'), 90.
Oyez, 60, 144, 145, 150.

P

Paris, 39, 40, 41, 69, 90, 95, 102, 103, 109, 114, 153, 164.
Pasquier, 103.

Patras, 45, 108.
Paul (Grand-Duc de Russie), 59, 60.
Pepusch (G.), 88, 89.
Perrin (Mlle), 61, 144, 145, 150.
Pesne (A.), 20, 21, 22, 36, 65, 67, 96, 168.
Petit, 41, 66, 103.
Pétrone, 79.
Phèdre, *trag.*, 118.
Picard, 62.
Plümicke (C. M.), 53, 74, 85, 88, 94, 96, 107, 111, 113, 134, 142, 227.
Poissy (de), 5.
Poitiers, 63, 64, 66, 152, 153.
Pöllnitz (Baron de), 6, 15, 49, 51, 52, 53, 54, 64, 69, 73, 74, 75, 76, 84, 90, 111, 112, 113, 115, 175, 227.
Pöllnitz (Mlle de), 5, 78, 79.
Polyeucte, *trag.*, 59, 103.
Potsdam, 15, 49, 53, 57, 59, 65, 75, 95, 105, 109, 115, 118, 127, 128, 136, 138, 141, 142, 143, 169, 175, 215, 217.
Preusz (J. D. E.), 74, 111, 112, 113, 136, 140, 141, 142, 143, 151, 175, 229.
Préville, 103.
Prévost, 98.
Properce, 97.
Prude (La), *com.*, 25, 92.
Pygmalion et Psyché, *bal.*, 66, 68.

Q

Quesney (A.), 74.
Quinault (P.), 169, 171.
Quinault aîné, 40.
Quinault-Dufresne, 40.
Quinson (Mlle), 132, 135.

R

Racine (J.), 18, 24, 25, 27, 43, 45, 170, 172.

Raesfeld (de), 28.
Raimond (Mlle), 53.
Rambouillet (Hôtel de), 38.
Ramondon (A.), 74.
Raynault, 52.
Rebeur, 90.
Reggiani (Mlle), 68.
Regnard, 45, 60.
Regnier (de), 5.
Remusberg. Voyez Rheinsberg.
Retour de Mars (Le), com., 94.
Rhadamiste et Zénobie, trag., 31, 114.
Rheinsberg, 19, 20, 21, 22, 23, 24, 25, 27, 58, 92, 95.
Riccoboni (L.), 227.
Richelieu (Maréchal Duc de), 79, 136, 137, 142, 143.
Rieck (C. F.), 81.
Rinci (Le), 6.
Roland (Mlle), 63, 64, 151, 152, 153.
Roloff, 18.
Romainville, 12.
Rome sauvée, trag., 42, 104. 105.
Rosambeau, 52.
Röseler (W.), 89, 151, 153, 164, 229.
Rosembert, 34, 43, 96, 106.
Rosidor (Mlle), 11, 84, 195.
Rottembourg (Comte de), 109, 153, 164.
Rouen, 94.
Rousseau (J.-J.), 93, 108, 112.
Rousselois, 40, 41, 102.
Rousselois (M^e), 40, 41, 107.
Rufose (Mlle), 53.
Ruppin, 20.

S

Saint-Amant, 53, 60, 132, 144, 145, 150.
Saint-Cloud, 94.
Saint-Hilaire, 60, 132.
Saint-Huberty, 56, 134, 135.
Saint-Huberty (M^e), 56, 135, 136.
Saint-Pétersbourg, 137.
Saint-Romain, 2.
Sainte-Treuze (Mlle), 54, 55, 59, 119, 120, 121, 122, 124, 125, 126, 127, 132.
Sainville (Mlle), 55, 132.
Salomon (F.), 69.
Sans-Souci, 50, 68, 96.
Sasseghem (L. van), 12.
Sasseghem (W. van), 12.
Sauvage (Mlle), 61, 66, 144, 145. 150, 158, 163.
Saxe (Maurice de), 39.
Saxe (Antonie, Electrice de), 112, 114.
Sayous (A.), 230.
Scarron (P.), 13.
Schack (M^e de), 22.
Schäffer (C.), 84, 85, 95, 113, 114, 141, 230.
Schlüter (A.), 76.
Schmidt, 107.
Schneider (L.), 74, 80, 81, 85, 88, 90, 94, 111, 151, 153, 230.
Schöneans (Mlle), 7.
Schuch, 53.
Schulenburg (Comte de), 51.
Schütze, 125.
Schwedt (Margrave de), 49.
Scribe (E.), 62.
Seckendorff, 227.
Seidel (P.), 96, 97, 230.
Seine (Mlle de), 40, 102.
Sémiramis, op., 68, 174.
Sémiramis, trag., 42.
Servante maîtresse (La), op. com., 59.
Sévigny, 14, 15, 195, 219, 227.
Sévigny fils, 189.
Sidney, trag., 43.
Siège de Calais, trag., 53.
Simiane (Mlle), 43, 68, 107, 108, 170, 171, 172, 173, 174.

Simony (Mlle), 59.
Singe de la Mode (Le), *com.*, 46, 109.
Siroë, *op.*, 88.
Sittard (J.), 113.
Sobieski (J.), 74.
Sodi (C.), 164, 165.
Sodi (P.), 66, 67, 164, 165, 166.
Sophie-Charlotte, Reine de Prusse, 4, 5, 6, 7, 19, 24, 75, 77, 79, 80, 81, 82, 83, 226, 229, 230.
Sophie-Dorothée, Reine de Prusse, 18, 31, 67, 90, 96.
Soulé, 44, 108, 171, 172, 173.
Soulé (M^e), 44, 108.
Spahn (M.), 230.
Spandau, 77.
Spère-en-Dieu *aînée* (Mlle), 189.
Spère-en-Dieu *cadette* (Mlle), 189.
Splittberger, 125.
Statue merveilleuse (La), *op. com.*, 34.
Strasbourg, 94.
Stuttgart, 51, 69, 148.
Suhm, 92.
Surprise de l'Amour (La), *com.*, 50, 60.
Sweerts (Baron de), 32, 43, 44, 67, 100, 101, 107, 115, 153.

T

Tableau de la Cour (Le), *com.*, 110.
Tagliazucchi, 174.
Tartuffe, *com.*, 60.
Téron, 77.
Terwesten (A.), 76.
Tessier, 66, 152, 153, 154, 164.
Tessier (Mlle), 66, 154, 155, 161.
Tetau (Mlle de), 23, 25.
Tettau (de), 16.
Thiébault (Baron Dieudonné), 76,
77, 97, 98, 99, 100, 106, 112, 134, 135, 142, 227.
Thouret (G.), 151, 230.
Thulemeyer, 52.
Tissot, 61, 144, 145, 150.
Tomassin, 166, 167, 168, 169, 170.
Tosi (A.), 7.
Tournay, 8, 14, 86, 87.
Toussaint, 112.
Traversière (Théâtre de la rue), 42, 45.
Triomphe des Amours et des Plaisirs (Le), *bal.*, 15, 191.
Trionfes du Parnasse (Les), 7.
Troussel (M^e du), 142.
Troy (F. de), 96.
Tyrconnel (Lady), 42, 43.

U

Ulrique, Reine de Suède, 118.

V

Vaillant (J.), 74.
Valory (Marquis de), 42.
Vanloo (C.-A.), 65.
Varlet, 133.
Varsovie, 74.
Venise, 65.
Verona, 59.
Vetter, 219.
Victoire (Mlle), 164.
Vienne, 148.
Villati, 68, 165, 166, 169, 170, 171, 172.
Voiture, 77.
Voltaire, 18, 21, 25, 27, 28, 29, 30, 31, 42, 43, 45, 57, 58, 91, 92, 93, 94, 95, 96, 102, 104, 105, 106, 109, 111, 113, 136, 137, 138, 169, 174, 228.
Vota, 5.

W

Waddington (A.), 75.
Walmoden (Mlle de), 22, 23.
Weiss (Ch.), 74.
Werner, 76.
Wiar (Mlle), 189.
Wideman (Mlle), 215, 220.
Wittgenstein (Comte de), 6.
Wolden, 22.
Würtemberg (Duchesse de), 109.

Z

Zaïre, *trag.*, 25, 29, 31, 42, 102, 114.
Zéliska, *com.-bal.*, 94.
Zierotin Lilgenau (Comte de), 54, 55, 57, 59, 111, 114, 115, 116, 117, 118, 119, 120, 121, 122, 123, 124, 125, 126, 127, 128, 129, 130, 134, 136, 139, 141.

TABLES

TABLE DES MATIÈRES

Avant-propos. x

CHAPITRE I
LE THÉÂTRE FRANÇAIS A LA COUR DE PRUSSE DES ORIGINES A L'AVÈNEMENT DE FRÉDÉRIC II (16..-1740).

Le Ballet à la Cour du Grand Electeur. — Frédéric I. — Sophie-Charlotte. — Représentations à Lützenburg. — La troupe du Sieur Du Rocher. — Frédéric-Guillaume I. — Le Théâtre sous son règne. — Frédéric II, Prince royal. — La comédie à Rheinsberg. 1

CHAPITRE II
LA COMÉDIE FRANÇAISE A LA COUR DE FRÉDÉRIC II (1740-1756).

La troupe de De La Noue. — Première campagne de Silésie. — Ouverture de la Comédie française (1742). — Son directeur. — Les artistes. — La famille Cochois. — Seconde campagne de Silésie. — Le voyage du Marquis d'Argens. — Nouveaux engagements. — Le théâtre de société à la Cour. — Voltaire régisseur. — Le Répertoire. 27

CHAPITRE III

LA COMÉDIE FRANÇAISE A LA COUR DE FRÉDÉRIC II (1763-1778).

Direction du Baron de Pöllnitz. — *L'entrepreneur* Fierville. — Création d'un théâtre public. — Direction du Comte von Zierotin Lilgenau. — Tournées d'Aufresne et de Lekain. — Direction du Baron von Arnim. — Le théâtre du Gendarmenmarkt. — Le renvoi des comédiens (1778). 49

CHAPITRE IV

LE BALLET DE L'OPÉRA ROYAL (1742-1786).

Poitiers et la Roland. — La famille Lani. — Sodi. — La Barberina. — Marianne Cochois. — Les Denis. — Fierville *fils*. — Desplaces. 63

NOTES

CHAPITRE I.	73
CHAPITRE II.	93
CHAPITRE III.	111
CHAPITRE IV	151

APPENDICE

Prologue en l'honneur du mariage de Joseph, Roi des Romains avec Wilhelmine-Amélie de Braunschweig-Lüneburg (1699). 179
Le Triomphe des Amours et des Plaisirs, Ballet royal. . . 187
L'Impromptu des Bergers de Potsdam, Prologue héroïque. 214

BIBLIOGRAPHIE

I. — XVIIIᵉ siècle. 225
II. — Ouvrages contemporains. 228

INDEX ALPHABÉTIQUE

248

TABLE DES GRAVURES

	Pages
Frédéric I d'après une gravure de Ramberg. . .	Frontispice.
Sophie-Charlotte d'après une gravure de Wolffgang. . .	1
Le château de Charlottenburg	6
Le sieur Desnoyers et le sieur l'Avenant en costumes de prêtre d'Apollon et de Pluton, d'après des dessins d'Eosander von Göthe	14
Eckenberg, der Starke Mann, d'après une gravure de l'époque. (Cabinet des estampes du Musée royal de Berlin.) .	18
Le Château de Rheinsberg.	22
Frédéric II, Prince royal d'après le portrait de Pesne. (Musée royal de Berlin.).	27
Mlle Babet Cochois et ses camarades de la Comédie française, d'après un tableau de Pesne. (Potsdamer Stadtschloss Concertzimmer.)	38
Frédéric II, d'après une gravure de Desrochers. . . .	49
La Comédie française sur le Gendarmenmarkt, d'après un dessin de l'époque. (Cabinet des estampes du Musée royal de Berlin.).	58
La Barberina, d'après un tableau de Pesne. (Bildergalerie de Sans-souci.)	63
Marianne Cochois, d'après une gravure de C. B. Glassbach. (Cabinet des estampes du Musée royal de Berlin.) .	66
La Denis, d'après une gravure de C. B. Glassbach. (Cabinet des estampes du Musée royal de Berlin.)	68

ACHEVÉ D'IMPRIMER

PAR LA SOCIÉTÉ FRANÇAISE D'IMPRIMERIE ET DE LIBRAIRIE

Le XXV août MCMII.

14 Januar '71

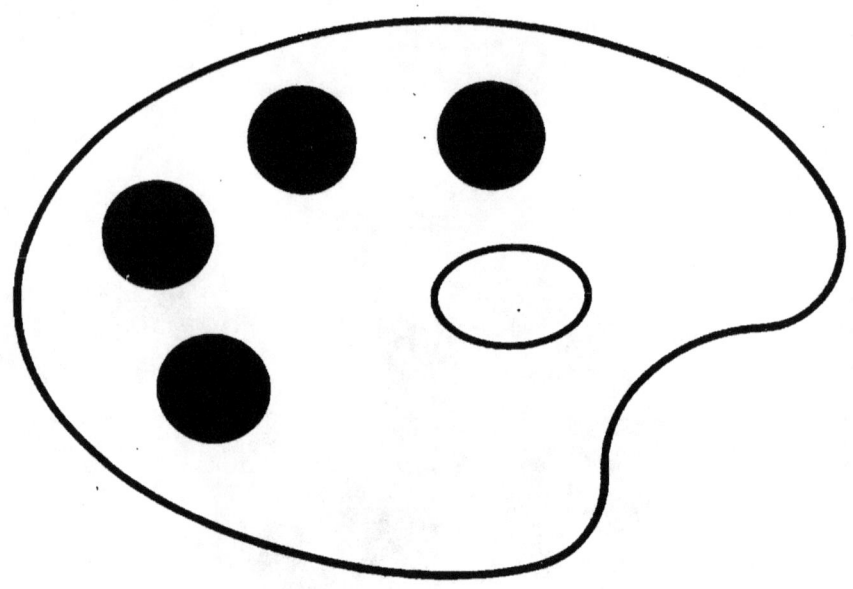

Original en couleur
NF Z 43-120-8

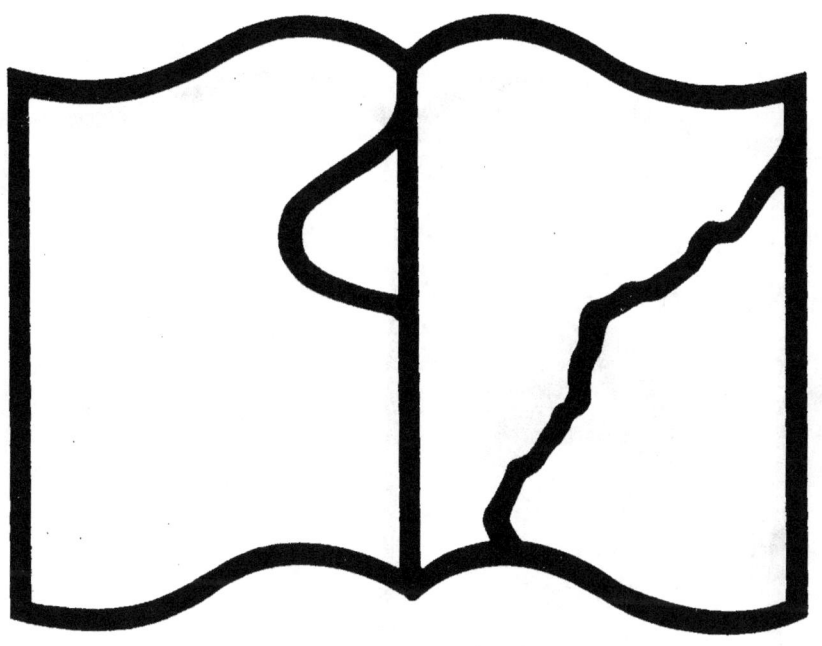

Texte détérioré — reliure défectueuse

NF Z 43-120-11

Contraste insuffisant

NF Z 43-120-14

www.ingramcontent.com/pod-product-compliance
Lightning Source LLC
Chambersburg PA
CBHW071521160426
43196CB00010B/1609